ERIK VAN SLOOTEN

Der klassische Tierkreis und seine Bewohner

Standardwerke der Astrologie

ERIK VAN SLOOTEN

Der klassische Tierkreis und seine Bewohner

Das kosmische Netzwerk von Sonne,
Mond und den Planeten

CHIRON VERLAG

Alle Angaben in diesem Buch sind vom Autor sorgfältig erwogen und geprüft worden, dennoch kann eine Gewährleistung jeglicher Art nicht übernommen werden. Ein Haftung für Personen-, Sach-, Vermögens- oder sonstige Schäden ist ausgeschlossen. Personen mit gesundheitlichen Beschwerden sollten alle therapeutischen Maßnahmen mit ihrem Arzt besprechen und auch gegebenenfalls die bei Heilmitteln anzuwendenden Gebrauchshinweise beachten.

ISBN 978-3-89997-187-3
Deutsche Erstausgabe
© der deutschen Ausgabe Chiron Verlag, Tübingen 2010

Umschlag: Walter Schneider
Druck: Finidr, Český Těšin

Zu beziehen durch den Buchhandel oder direkt beim
Chiron Verlag, Postfach 1250, D-72002 Tübingen

Inhalt

Zum Geleit

Dieses Buch habe ich für zwei Lesergruppen geschrieben: Die Leser ohne große Vorkenntnisse der Astrologie und für die vor allem psychologisch orientierten, modernen Astrologen, in der Hoffnung, dass sie durch die Lektüre ein Gespür für die Welt und die Atmosphäre der *klassischen* Astrologie bekommen.

Mit Rücksicht auf die erste Gruppe werde ich in diesem Buch so wenig wie möglich Fachbegriffe benutzen, und wenn das unausweichlich ist, werde ich diese erklären.

Klassische Astrologen waren alle Astronomen. Die beiden Wissensbereiche hatten sich damals noch nicht getrennt. Die Astronomie war die niedrige Dienstmagd der Astrologie, der Königin der Wissenschaften! Die alten Astrologen kannten den nächtlichen Himmel aus eigener Anschauung und deuteten nicht selten die Planeten und Gestirne direkt am Himmel. Moderne Astrologen dagegen hocken meistens nur noch hinter ihren Computern und haben keine Ahnung davon, was sich über ihnen am Himmel abspielt. Der berühmte Spruch: «Wie oben, so unten» wurde in unserer Zeit leider ersetzt durch: «Wie im PC, so in der Welt». Aus diesem Grund möchte ich in diesem Buch die Aufmerksamkeit der Leser nicht nur auf die astrologischen Tierkreiszeichen, sondern auch auf die gleichnamigen astronomischen Sternbilder und ihre mythologischen Entsprechungen lenken. Warum heißt das Tierkreiszeichen, in das die Sonne im Erntemonat August eintritt, *Jungfrau,* und was hat diese Jungfrau mit der Göttin *Demeter* und ihrer Tochter *Perse-*

phone zu tun? Warum heißt im Sternbild Jungfrau der wichtigste Fixstern *Spica* und ein anderer *Vindemiatrix*?

Ich schrieb dieses kleine Buch im September 2008, während meines jährlichen Aufenthalts in Italien, teilweise auf Sardinien, teilweise in Apulien. Einen Monat lang, von Neumond bis Neumond, hatte ich das Vorrecht, den kristallklaren mediterranen nächtlichen Himmel ohne große Lichtverschmutzung erleben zu dürfen. Abends, nach Sonnenuntergang, erschien Venus Hesperos am Himmel. Östlich (links) davon waren manchmal auch der rötliche Mars und sogar der kleine Merkur sichtbar. Hoch am Himmel erstrahlte in diesem Monat Jupiter. Nur der Übeltäter Saturn versteckte sich im Sonnenlicht und ließ sich nicht blicken. Obwohl ich nachts auch schlief, war ich oft im freien Feld, auf einem Hügel, und habe in vielen Nächten an verschiedenen Zeitpunkten, von etwa 21 Uhr bis morgens kurz vor Sonnenaufgang, die meisten Sternbilder der Ekliptik (und viele andere dazu) bewundern können. Nur Löwe, Jungfrau und Waage waren wegen ihrer Sonnennähe nicht zu sehen. Das heißt, liebe Leser, dass dieses Buch in einem engen Kontakt mit dem Kosmos und mit der Mythologie des Mittelmeerraums entstanden ist. Ich wünsche Ihnen eine anregende Lektüre!

Erik van Slooten
Lecce (Apulien), September 2008

Einführung

S eit alters her bestaunt die Menschheit den nächtlichen Himmel, und dabei entdeckte sie schon früh, dass zwischen den zahllosen Fixsternen bestimmte Himmelskörper «wanderten» (griechisch: *planètès* = Wanderer) und dabei die gleiche Bahn wie Sonne und Mond beschrieben. Diese Bahn wurde schon früh der *Zodiacus* oder *Tierkreis* genannt (griechisch: *zoon* = Tier). Auch wurde sie *Ekliptik* getauft, weil auf dieser Bahn die Sonnen- und Mondfinsternisse stattfinden (griechisch: *ekleipsis* = das Ausbleiben, die Verfinsterung).

Die Planeten wurden als die Götter betrachtet, die das irdische Leben beherrschen, und man stellte sich vor, dass sich jede Gottheit im lebendigen und fest strukturierten Organismus des Zodiakus einen oder zwei Orte zueignete, den bzw. die er als sein Zuhause betrachtete. In diesen ihren *Domizilen* (lateinisch: *domus* = Haus) können die Planetengötter ihre besten Eigenschaften entfalten. So hat beispielsweise die Sonne ihr Domizil im Tierkreiszeichen Löwe, der Mond im Krebs, Merkur in den Zwillingen und in der Jungfrau usw.

Man könnte sich bildhaft vorstellen, wie diese Domizile, die Häuser der Planetengötter, auf dem Berg Olymp stehen und wie die Götter sich dort gegenseitig besuchen. Während in früheren Zeiten Tierkreis und Planeten oft als ein Dorf und seine Bewohner betrachtet wurden, hat unsere Computerzeit dafür einen moderneren Begriff erfunden: Das «Netzwerk» (Network), in dem jeder seine Kontakte hegt und pflegt.

So ist im Mondhaus Krebs (*Casa Luna*) der Mond der Gastgeber und empfängt dort von Zeit zu Zeit die anderen Götter. Bald kommt Jupiter als Gast vorbei, bald Mars, bald Merkur, usw. Wie die Gäste sich im Hause eines anderen Gottes fühlen, hängt von ihrem Verhältnis zum Gastgeber ab. Jupiter fühlt sich im Hause des Mondes sehr wohl und ist geneigt, sich dort von seiner besten Seite zu zeigen, Mars dagegen fühlt sich in Casa Luna eher unbequem und neigt zum Bösen. Warum das so ist, wird in diesem Buch erklärt. Denn bei den Kontakten zwischen den himmlischen Göttern kommt es sowohl zu Freundschaften als auch zu heftigen Auseinandersetzungen. Die faszinierenden Erzählungen der griechischen Mythologie sind voller Beispiele davon.

Sonne, Mond, die fünf Planeten und der Tierkreis bilden in ihrem engen Zusammenhang seit alters her das Grundgerüst der Astrologie. Dieses Grundgerüst ist das Thema dieses Buches, das sich auch zu den astronomischen Sternbildern und ihren mythologischen Entsprechungen erweitert.

Struktur und Bedeutung des Tierkreises

Eine solide Struktur

Der Tierkreis besteht aus zwölf Zeichen von je 30°. Die Reihenfolge:

Widder	männlich, kardinal, erstes Feuerzeichen, warm und trocken
Stier	weiblich, fest, erstes Erdzeichen, kalt und trocken
Zwillinge	männlich, beweglich, erstes Luftzeichen, warm und feucht
Krebs	weiblich, kardinal, erstes Wasserzeichen, kalt und feucht
Löwe	männlich, fest, zweites Feuerzeichen, warm und trocken
Jungfrau	weiblich, beweglich, zweites Erdzeichen, kalt und trocken
Waage	männlich, kardinal, zweites Luftzeichen, warm und feucht
Skorpion	weiblich, fest, zweites Wasserzeichen, kalt und feucht
Schütze	männlich, beweglich, drittes Feuerzeichen, warm und trocken
Steinbock	weiblich, kardinal, drittes Erdzeichen, kalt und trocken
Wassermann	männlich, fest, drittes Luftzeichen, warm und feucht
Fische	weiblich, beweglich, drittes Wasserzeichen, kalt und feucht

Es geht hier keineswegs um eine willkürliche Reihenfolge, sondern um eine ausgeklügelte, ja geniale Struktur, ein Gotteswerk!

Erstens sehen wir eine regelmäßige Abwechslung von *männlichen* und *weiblichen* Zeichen. Zweitens gibt es nacheinander vier Dreiergruppen, jeweils mit einem *kardinalen,* einem *festen* und einem *beweglichen* Zeichen. Drittens gibt es drei Vierergruppen, in denen die vier *Elemente* vertreten sind, jeweils in der Reihenfolge *Feuer, Erde, Luft* und *Wasser.*

Die vier kardinalen Zeichen liegen 90° auseinander und bilden zusammen das *kardinale Kreuz.* Auf ähnliche Weise gibt es das *feste* und das *bewegliche Kreuz.* Die drei Zeichen eines Elements liegen immer 120° auseinander und bilden zusammen ein *Trigon.*

Männliche und weibliche Zeichen

Die regelmäßige Abwechslung von *männlichen* und *weiblichen* Zeichen bewirkt ein Gleichgewicht im Tierkreis. Das männliche, aktive Prinzip wird vom weiblichen, passiven, empfangenden Prinzip abgelöst und das wiederum vom männlichen Prinzip usw. Diese Prinzipien sind zu vergleichen mit den Begriffen Yin und Yang aus der östlichen Philosophie und sollen im Fluss des Lebens so viel wie möglich im Gleichgewicht sein und bleiben.

Kardinale, feste und bewegliche Zeichen

Die Dreiergruppen beginnen jeweils mit einem *kardinalen* Zeichen. Die vier kardinalen Zeichen (oft auch *Hauptzeichen* genannt) haben einen strebenden, sich durchsetzenden Charakter. Die darauffolgenden *festen* Zeichen (oft auch *fixe* Zeichen genannt) kennzeichnen sich durch Beharrlichkeit, durch das Fest-

halten an dem, was erreicht wurde. Die abschließenden *beweglichen* Zeichen sind dagegen ruhelos und veränderlich.

Jede Dreiergruppe entspricht einer Jahreszeit: Die Gruppe
Widder, Stier, Zwillinge entspricht dem *Frühling*, die Gruppe
Krebs, Löwe, Jungfrau dem *Sommer*, die Gruppe Waage, Skorpion, Schütze dem *Herbst* und die Gruppe Steinbock, Wassermann, Fische dem *Winter*. Jede Jahreszeit fängt damit an, sich
gegen die vorherige Jahreszeit durchzusetzen (kardinal), dann
stabilisiert sie sich (fest) und schließlich geht sie allmählich in
die folgende Jahreszeit über (beweglich).

Tropischer und siderischer Tierkreis

In diesem Zusammenhang ist es wichtig, zu betonen, dass die
westliche Astrologie hauptsächlich mit dem *tropischen* Tierkreis
arbeitet, das ist der Tierkreis, der mit dem *Frühlingspunkt* beginnt. Das heißt, der Frühlingspunkt (der Augenblick, an dem
Tag und Nacht gleich lang sind) und 0° Widder fallen im tropischen Tierkreis zusammen.

Allerdings müssen wir hier scharf zwischen *Tierkreiszeichen*
und *Sternbildern* unterscheiden. Vor etwa 2000 Jahren fiel das
Sternbild Widder noch ungefähr mit dem *Tierkreiszeichen* Widder
zusammen. Aber weil der Frühlingspunkt sich sehr langsam (etwa
1° in 72 Jahren) durch die Ekliptik verschiebt, ist der tropische
Tierkreis nicht mehr mit der Bahn der astronomischen Sternbilder
identisch. Die Bahn der Sternbilder wird *siderischer* Tierkreis genannt und ist u.a. die Grundlage der indischen Astrologie.

Der Unterschied zwischen tropisch und siderisch beträgt der-
zeit etwa 23°. Das heißt: 0° Widder im tropischen Kreis entspricht etwa 7° Fische im siderischen Kreis.

Der Frühlingspunkt fällt in unserem Kalender auf etwa 21.
März, wenn die Sonne in das Tierkreiszeichen Widder eintritt
und Tag und Nacht gleich lang sind.

Feuer-, Erde-, Luft- und Wasserzeichen

Die Vierergruppen fangen jeweils mit einem *Feuerzeichen* an. Das Schlüsselwort des Feuers ist: *Handeln*. Der Unterschied zwischen den drei Feuerzeichen ist, dass jedes Zeichen zu einer anderen Dreiergruppe gehört. Widder ist ein kardinales, Löwe ein festes und Schütze ein bewegliches Zeichen, was diese drei Zeichen auf unterschiedliche Weise kennzeichnet.

Das zweite Element in den Dreiergruppen ist *Erde*. Die Schlüsselwörter sind: *Beobachten, Sinneswahrnehmung*. Wie bei Feuer gibt es auch hier folgenden Unterschied zwischen den Erdzeichen: Stier ist fest, Jungfrau beweglich und Steinbock kardinal.

Das dritte Element in der Reihe ist Luft. Die Schlüsselwörter lauten: *Denken, Kommunizieren*. Der Unterschied zwischen den drei Luftzeichen: Zwillinge ist beweglich, Waage kardinal und Wassermann fest.

Das letzte Element in der Reihe ist *Wasser*. Das Schlüsselwort lautet: *Fühlen*. Der Unterschied zwischen den drei Wasserzeichen: Krebs ist kardinal, Skorpion fest und Fische beweglich.

- Die Feuerzeichen streben nach *Freiheit von Handeln und Führerschaft*.
- Die Luftzeichen streben nach *Freiheit von Bewegung und Kommunikation*.
- Die Erdzeichen haben das *Bedürfnis nach materieller Sicherheit*.
- Die Wasserzeichen haben das *Bedürfnis nach emotioneller Sicherheit*.

Die Qualitäten und Temperamente

Von alters her wurde allen Erscheinungsformen eine Mischung aus zwei der vier verschiedenen Urqualitäten zugesprochen. Diese Urqualitäten sind: *warm*, *kalt*, *feucht* und *trocken*. Es gibt folgende Kombinationen:

– warm und trocken, die Qualitäten des Feuers
– kalt und trocken, die Qualitäten der Erde
– warm und feucht, die Qualitäten der Luft
– kalt und feucht, die Qualitäten des Wassers

Auch die Planeten weisen diese verschiedenen Qualitäten vor. Darauf kommen wir später noch zurück.

In einem Geburtshoroskop verteilen sich Sonne, Mond und die Planeten über die verschiedenen Tierkreiszeichen. Dabei kann ein Element stärker von Planeten besetzt sein als die anderen.

Weist ein Horoskop ein Übermaß an Feuer auf, hat dieser Mensch ein *cholerisches* Temperament. Ein Übermaß an Erde führt zum *melancholischen* Temperament, ein Übermaß an Luft zum *sanguinischen* und ein Übermaß an Wasser zum *phlegmatischen* Temperament.

– Das cholerische Temperament (warm und trocken, analog Feuer): Tatmenschen, Herrscher, Angreifer, despotisch, leidenschaftlich und zornig, großzügig und übermütig.
– Das sanguinische Temperament (warm und feucht, analog Luft): kontaktfreudige Menschen, Brückenschläger, vermittelnd, freundlich, geistig interessiert, zerstreut und Zerstreuung suchend, neigend zur Oberflächlichkeit.
– Das melancholische Temperament (kalt und trocken, analog Erde): standhafte Menschen, zurückhaltend, geschlossen, träge, neigend zum Pessimismus und zur Depression. Scharfes und objektives Wahrnehmungsvermögen.
– Das phlegmatische Temperament (kalt und feucht, analog

Wasser): Gefühlsmenschen mit großer Aufnahmefähigkeit, still, eher passiv, beeinflussbar, oft unkonventionell und reich an Fantasie.

Diese Lehre der Temperamente ist eines der ältesten psychologischen Modelle. Die Namensgebung stammt aus der Lehre der vier Säfte, die den Menschen als eine Mischung aus Galle (*cholos*), schwarze Galle (*melancholos*), Blut (*sanguis*) und Schleim (*Phlegma*) betrachtet. Nach dieser Lehre ist ein Mensch gesund, wenn sein Körper eine ausgewogene Mischung dieser Säfte besitzt. Fehlt ein Saft oder ist ein Saft übermäßig anwesend, kann das zu Krankheiten führen. (lateinisch: *temperamentum* = Mischung, das richtige Maß). Für die klassischen Ärzte war diese Temperamentlehre die Grundlage der Diagnose und Behandlung von Krankheiten. Für diese alte Heilkunst, die immer eng mit der Astrologie verbunden war, besteht heutzutage wieder großes Interesse.

Die Würden

W ürde» hat ein Planet, wenn er in einem seiner Domizile oder in seiner Erhöhung oder in seiner Triplizität steht.

Domizil und Erhöhung

Die Figur auf Seite 24 zeigt im Kreis die Zuordnungen der *Domizile* der antiken Planeten: Die beiden Lichter Sonne und Mond haben jeweils in Löwe und Krebs ihre Domizile, während die Domizile von Merkur, Venus, Mars, Jupiter und Saturn sich an beiden Seiten der Domizile von Sonne und Mond gruppieren. Achtung: In der klassischen Astrologie herrscht Mars nicht nur über Widder, sondern auch über Skorpion, Jupiter sowohl über Schütze als auch über Fische und Saturn über Steinbock *und* Wassermann. In der klassischen Astrologie können die modernen (das heißt: ab dem 18. Jahrhundert entdeckten) Planeten Uranus, Neptun und Pluto höchstens als «Untermieter» betrachtet werden: Uranus im Wassermann, Neptun in den Fischen und Pluto im Skorpion.

Im Außenkreis stehen die Planeten neben den Zeichen, in denen sie ihre *Erhöhung* haben. Auffällig ist, dass Merkur nach der Tradition seine Erhöhung im Zeichen Jungfrau findet, in dem er auch sein Domizil hat. Die Erklärung dafür ist ziemlich kompliziert und würde hier zu weit führen.

Ein Planet steht in seinem Domizil oder in seiner Erhöhung

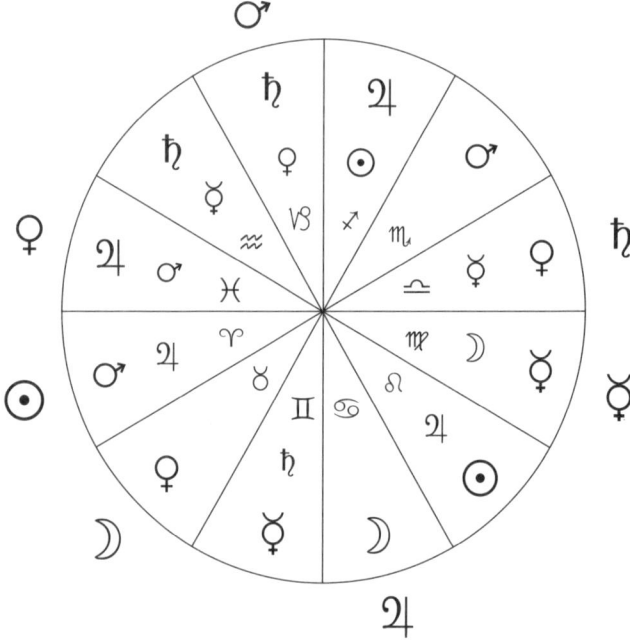

recht gut, weil er dort seine besten Eigenschaften entfalten kann. Auch die beiden klassischen «Übeltäter» Saturn und Mars zeigen sich in ihren Domizilen und ihrer Erhöhung in der Regel freundlicher. (Der Begriff «Übeltäter» wird später noch erklärt.)

In seinem Domizil ist der Planet der Herr, der in seinem eigenen Haus waltet. Im Zeichen seiner Erhöhung ist er ein hoch angesehener Gast im Hause eines guten Freundes. Von daher ist es logisch, dass das Domizil die stärkere Würde der beiden ist, denn in seinem eigenen Haus kann man tun, was man will, während man im Hause eines Freundes die Hausregeln zu respektieren hat!

Exil und Fall

Im Exil steht ein Planet in dem Zeichen, welches dem Zeichen gegenüberliegt, in dem er sein Domizil hat (s. Abbildung). Ein Planet findet also sein Exil an einem Ort, an dem er auf seiner Reise durch den Tierkreis am weitesten von seinem Domizil, seinem Zuhause, entfernt ist.

Mit Ausnahme der beiden Lichter Sonne und Mond haben alle antiken Planeten zwei Domizile und damit auch zwei Exile. So hat beispielsweise Mars seine Domizile in Widder und Skorpion und deshalb seine Exile in Waage und Stier.

Im Fall befindet sich ein Planet im Zeichen gegenüber dem Zeichen, in dem er erhöht ist (s. Abbildung). So steht Mars im Steinbock erhöht und deshalb im Krebs im Fall.

Planeten in Exil oder Fall stehen nicht unbedingt schwach! Vielmehr werden sie (insbesondere die Übeltäter Saturn und Mars) dort ihre negativeren Eigenschaften entfalten.

Domizil und Erhöhung sind die *positiven*, Exil und Fall die *negativen* Würden.

Triplizitäten

Nach der wichtigsten Würde, dem Domizil, und der zweitwichtigsten Würde, der Erhöhung, ist die Triplizität die drittwichtigste Würde.

Wie wir im vorigen Kapitel schon gesehen haben, gibt es nach der Elementelehre im Tierkreis die Feuer-, Erde-, Luft- und Wassertriplizität (Triplizität = dreifaches Vorkommen, weil zu jeder Triplizität drei Zeichen gehören). In diesen Elementen herrschen nach alten Regeln bestimmte Planeten. Im Gegensatz zum System der Domizile und Erhöhungen, das universell und unangefochten ist, gibt es für die Bestimmung der Triplizitäten verschiedene Methoden. In diesem Buch wird ein System der Doppelherrschaft benutzt, das folgendermaßen aussieht:

Element	Triplizitätsherrscher
Feuer	Sonne und Jupiter
Erde	Venus und Mond
Luft	Saturn und Merkur
Wasser	Mars

Wie man sieht, haben Feuer, Erde und Luft je zwei Triplizitäts-
herrscher. Der siebte Planet, Mars, beherrscht das Wasser.

Die Triplizitäten können einem Planeten manchmal einen
doppelten Charakter geben: Venus steht beispielsweise in der
Jungfrau sowohl im Fall als auch in Triplizität. Das Gleiche gilt
für Mars im Krebs. Ein solcher Planet ist zwar «schlecht», aber
zeigt hin und wieder auch seine freundliche Seite. Andererseits
kann ein Planet eine doppelte positive Würde haben. So steht
die Sonne im Löwen sowohl im Domizil als auch in Triplizität.
Im Widder befindet sie sich sowohl in Erhöhung als auch in
Triplizität. Der Mond steht im Stier sowohl in Erhöhung als
auch in Triplizität. Es ist klar, dass die wichtigste Würde am
meisten zählt. Deshalb kann man, wenn man alle Triplizitäten
untersucht, folgende Liste von Tierkreiszeichen aufstellen, in
denen die Planeten nur die Triplizitätswürde und keine andere
positive oder negative Würde haben:

Triplizität als einzige Würde:
Sonne im Schützen
Mond in der Jungfrau
Merkur in Waage und Wassermann
Venus im Steinbock
Mars in den Fischen
Jupiter in Widder und Löwe
Saturn in den Zwillingen

Die Planeten in dieser Liste findet man in der Figur im inneren
Kreis.

Die kleineren Würden

Domizil, Erhöhung und Triplizität sind die wichtigsten Würden. Die kleineren Würden sind die *Grenzen* und *Dekanate* und werden allgemein als weniger wichtig betrachtet. Deshalb werden wir im Rahmen dieses Buches nicht weiter darauf eingehen.[1]

Peregrinität

Steht ein Planet weder in seinem Domizil, seiner Erhöhung oder Triplizität, noch in seinem Exil oder Fall, so gilt er als «peregrin» (lateinisch: *peregrinus* = fremd). Ein solcher Planet ist meistens geschwächt, weil er seine Kräfte nicht entfalten kann. Wichtig für einen solchen Planeten wird sein Gastgeber (der Planet, in dessen Zeichen er sich befindet). Hat der Gastgeber einen festen, kräftigen Stand, kann er seinen Gast gegebenenfalls unterstützen. Der Mond steht in den Fischen peregrin. Wenn sich der Gastgeber Jupiter in seinen Domizilen Schütze oder Fische oder in seiner Erhöhung Krebs befindet, ist er in der Lage, dem Mond zu helfen. Im letzten Fall sprechen wir übrigens von einer *gegenseitigen Rezeption*. Mehr dazu im nächsten Abschnitt.

Gegenseitige Rezeption (⇔)

Zwei Planeten befinden sich in gegenseitiger Rezeption (Symbol: ⇔), wenn sich der eine in einer Würde des anderen befindet und umgekehrt. Beispiele: Mond steht in den Fischen (Jupiterdomizil) und Jupiter steht im Krebs (Monddomizil). Eine

---

1 Literatur zu den kleineren Würden: Erik van Slooten, *Klassische Stundenastrologie*. Tübingen 2008, Seite 67-70.

gegenseitige Rezeption kann auch in den Erhöhungszeichen stattfinden: Mond im Widder (Erhöhungszeichen der Sonne) und Sonne im Stier (Erhöhungszeichen des Mondes). Eine schwache gegenseitige Rezeption kann es zwischen Triplizitäts-herrschern geben: Mond im Schützen, wo die Sonne Triplizi-tätsherrscher ist, und Sonne in der Jungfrau, wo der Mond in Triplizität steht. Es gibt auch gemischte Rezeptionen: Mond im Löwen (Sonnendomizil) und Sonne im Stier (Monderhöhung). Ein letztes Beispiel: Venus befindet sich in Widder oder Skorpion (Marsdomizile) oder Steinbock (Marserhöhung) und Mars steht in Stier oder Waage (Venusdomizile) oder Fische (Venuserhöhung).

Eine gegenseitige Rezeption kann die beteiligten Planeten stark machen, weil diese sich nach Kräften gegenseitig unterstützen.

Bildhaft ist die gegenseitige Rezeption einigermaßen mit der folgenden Lage zu vergleichen: Jemand wohnt am Meer und möchte in den Bergen Ferien machen. Er tauscht sein Haus mit jemandem, der in den Bergen wohnt und mal seinen Urlaub am Meer genießen möchte. Ein solcher Häusertausch ist nur möglich, wenn man Vertrauen zueinander hat.

Planeten, Würden und Tierkreiszeichen im Horoskop

In der modernen Astrologie ist die inhaltliche Beschreibung der Tierkreiszeichen universell, das heißt unabhängig von den einzelnen Horoskopen. In der klassischen Astrologie dagegen hängt der Charakter eines Zeichens stark vom Zustand seines Herrschers im Horoskop ab. Weil die Herrscher in jedem Horoskop wieder anders stehen, muss auch die Bedeutung der Zeichen in jedem Horoskop neu analysiert werden. Ein Beispiel: Nach der klassischen Auffassung hängt die Bedeutung des Zeichens Widder in einzelnen Horoskopen vom Zustand seines Herrschers Mars ab; steht dieser gut, beispielsweise in seinem Domizil

Skorpion, können die positiven Bedeutungen des Widders zur Geltung kommen. Steht er aber schlecht, beispielsweise in seinem Exil Stier, werden vor allem die schlechten Eigenschaften des Widders hervortreten.

Diese Abhängigkeit der Zeichen von ihren Herrschern ist sehr schön mit der Lage einer Firma zu vergleichen: Das Zeichen ist die Firma, sein Herrscher der Manager. Ist der Manager schlecht, geht es der Firma meistens auch nicht blendend!

Vergessen wir auch nicht, dass die Hauptbedeutungen der Zeichen aus denen der Planeten und deren Würden entstanden sind! Warum ist beispielsweise der Wassermann allergisch gegen Autoritäten? Weil die Sonne (= Autoritäten) im Wassermann in ihrem Exil steht! Mit Uranus hat das (klassisch gesehen) nichts zu tun!

Die Planeten

*A*stronomisch gesehen ist die Sonne ein *Stern* und der Mittelpunkt unseres Sonnensystems. Um die Sonne kreisen die *Planeten* in folgender Reihenfolge (von nah nach fern): *Merkur, Venus, Erde, Mars, Jupiter, Saturn, Uranus* und *Neptun.* Bis 2006 folgte als neunter Planet noch *Pluto,* aber in jenem Jahr wurde der Begriff «Planet» neu definiert und Pluto fiel wegen seines geringen Umfangs aus der Planetenreihe. Der *Mond* kreist als Satellit (Erdtrabant) um unsere Erde. Der nächste Nachbar der Sonne ist Merkur mit einer mittleren Sonnenentfernung von fast 58 Millionen Kilometern; Neptun, der letzte Planet, hat eine mittlere Entfernung von fast 4,5 Milliarden Kilometern. (Pluto befindet sich noch ein Stückchen weiter: Er ist fast 6 Milliarden Kilometer von der Sonne entfernt.) Die Distanz der Erde beträgt durchschnittlich 150 Millionen Kilometer.

Hier unten werden die *Umlaufzeiten* um die Sonne aufgelistet:

Merkur: 87,97 Tage
Venus: 224,70 Tage
Erde: 365,26 Tage (= 1 Jahr)
Mars: 686,08 Tage (etwa 1 Jahr und 10 ½ Monate)
Jupiter: 11,86 Jahre
Saturn: 29,46 Jahre
Uranus: 84,01 Jahre
Neptun: 164,79 Jahre
(Pluto: 247,68 Jahre)

Die Umlaufzeit des Mondes um die Erde (von Neumond bis Neumond) beträgt etwa 30 Tage (= 1 Monat). Die mittlere Entfernung des Mondes von der Erde beträgt 384.400 Kilometer.

Die *Astrologie* dagegen betrachtet das kosmische Geschehen von der Erde aus. Für die Erdbewohner gehen nicht nur die Planeten, sondern auch Sonne und Mond im Osten auf und gehen im Westen unter. Wie die Planeten, so wandern auch Sonne und Mond durch den Tierkreis. Aus diesem Grund werden im astrologischen Sprachgebrauch meistens auch Sonne und Mond bequemlichkeitshalber «Planeten» genannt, aber man spricht auch gerne von den beiden «Lichtern». In der oben aufgelisteten Reihe der Umlaufzeiten wird astrologisch die Erde durch die Sonne ersetzt. Von der Erde aus gesehen wandert die Sonne in einem Jahr durch den Tierkreis.

Die *klassische* Astrologie arbeitet mit Sonne, Mond und den Planeten Merkur bis Saturn, welche die *antiken* Planeten genannt werden. Es sind die mit dem bloßen Auge sichtbaren Planeten, die seit Jahrtausenden beobachtet werden. Erst 1781 wurde Uranus entdeckt, 1846 Neptun (und 1930 Pluto). Diese sogenannten *neuen* Planeten, auch Pluto, werden in der modernen, psychologisch orientierten Astrologie intensiv eingesetzt. Klassische Astrologen machen davon nur einen sparsamen Gebrauch, weil die Erfahrung sie gelehrt hat, dass Astrologie genauso gut (ja vielleicht besser) ohne die neuen Planeten funktioniert.

Sonne, Mond und Saturn

Sonne

Der Sonnengott wurde von den Griechen Apollo oder Phoibos (= der Strahlende, der Lichtgott) genannt. In ihm verehrten die Griechen die geistige Macht von Ordnung, Maß und Einsicht. In der deutschen Sprache ist die Sonne zu Unrecht weiblich, denn sie repräsentiert die Männlichkeit par excellence.

- *Natur*: männlich, Tagesplanet, warm und trocken.
- *Würden*: Domizil im Löwen, Exil im Wassermann, Erhöhung im Widder, Fall in der Waage, Triplizität im Feuer, insbesondere im Schützen.
- *Tag*: Sonntag.
- *Physisch*: Lebenskraft, Herz, das rechte Auge des Mannes und das linke Auge der Frau.
- *Farben*: goldgelb, scharlachrot.
- *Signifikator für*: Könige, Magistraten und Autoritäten, große Gebäude, Theater, Schlösser und Paläste, Sonnenblumen und andere Pflanzen (rot oder gelb), welche die Sonne lieben, Gold, Rubine usw.

Die Sonne verkörpert Kraft, Autonomie und Autorität, sowohl die innere Autorität, die sich als Willenskraft und Selbstbeherrschung manifestiert, als auch die Autorität nach außen, die sich u.a. in der Gesetzgebung niederschlägt. Negativ kann die Sonne auf Despotismus und Aufschneiderei hinweisen.

Mond

Die griechische Mondgöttin *Selene* fährt in einem Gespann über den Himmel. In der Mythologie ist sie vor allem bekannt wegen ihrer Liebe zu dem schönen, von Zeus in den ewigen Schlaf versetzten Endymion, den sie jede Nacht besucht. Obwohl in der deutschen Sprache männlich, repräsentiert der Mond (die Mondin) die Weiblichkeit par excellence.

- *Natur*: weiblich, Nachtplanet, kalt und feucht.
- *Würden*: Domizil im Krebs, Exil im Steinbock, Erhöhung im Stier, Exil im Skorpion; Triplizität in der Erde, insbesondere in der Jungfrau.
- *Tag*: Montag.
- *Physisch*: das rechte Auge der Frau und das linke Auge des Mannes, Magen, Brust.
- *Farben*: silber, matte Farben.
- *Signifikator für*: kleine Kinder, Frauen, das Volk, Publikum, Krankenschwester, Hebammen, Wirte, Fischer, Hausierer, Antik- und Antiquitätenhändler, Tiere, die im Wasser leben, feuchte Plätze, Kneipen und Getränke, Silber, Kristall usw.

Der Mond beherrscht die biologischen Prozesse und steht für Fruchtbarkeit, Wachstum, Änderung, Geburt und Tod. Die von der Sonne geschenkte Lebenskraft wird vom Mond angewandt und verbraucht. Er steuert das irdische Leben. In der niederländischen Sprache wird dieses Leben so schön «het ondermaanse» (= alles was sich unter dem Mond befindet) genannt.

Psychisch steht der Mond für das Gefühlsleben, für die wechselnden Stimmungen (analog seiner wechselnden Scheingestalten). Der Mond ist sensibel und kann launisch sein.

Sonne und Mond: Gegensatz und Ergänzung

Die beiden Lichter Sonne und Mond nehmen einen besonderen
Platz in der Astrologie ein. Die Sonne ist das rein männliche und
der Mond das rein weibliche Prinzip. Kennzeichnend dafür ist,
dass beide nur ein einziges Domizil haben: die Sonne das männliche Zeichen Löwe, der Mond das weibliche Zeichen Krebs,
während die antiken Planeten Merkur bis Saturn je über zwei
Domizile verfügen: ein männliches und ein weibliches.

Die Sonne verkörpert die universelle und ewige Lebenskraft,
der Mond repräsentiert das zeitliche individuelle Leben selbst.
Man denke hier an Platons Ideenlehre, die von einer unverän-

derlichen Welt der Ideen (Sonne) ausgeht, die sich in zeitlichen Erscheinungsformen (Mond) niederschlägt. Diesbezüglich gibt es einen wesentlichen Unterschied zwischen dem Sonnen*licht* und dem Monden*schein*, der nichts anderes als reflektiertes Sonnenlicht ist.

Saturn

Saturn ist der römische Saatgott (lateinisch: *serere-satus*: säen). Sein Altar stand in Rom auf dem Forum Romanum. Sein Fest waren die Saturnalien, ein karnevaleskes Ritual, an denen alle Standesunterschiede aufgehoben wurden und die Herren ihre Sklaven bedienten. Die Saturnalien fanden jährlich rund um den 21. Dezember statt, die Zeit der Sonnenwende und des Eintritts der Sonne ins Saturndomizil Steinbock. Saturn wurde dem griechischen Gott *Chronos* gleichgesetzt. Er ist der Gott der Zeit (griechisch: *chronos* = Zeit), der Hüter der Schwelle zwischen Leben und Tod, Zeit und Ewigkeit.

– *Natur*: männlich, Tagesplanet, kalt und trocken.
– *Würden*: Domizile in Steinbock und Wassermann, Exile in Krebs und Löwe, Erhöhung in der Waage, Fall im Widder, Triplizität in der Luft, insbesondere in den Zwillingen.
– *Tag*: Samstag, (englisch: *saturday*).
– *Physisch*: Haut, Gelenke, Zähne, Knochen, Milz, Blase, das rechte Ohr.
– *Farbe*: schwarz.
– *Signifikator* für: alte Menschen, Einsiedler, dunkle Orte, Keller, Friedhöfe, Gräber, Wände, Türen und Schlösser, Gesetze, Verträge, Bodenbearbeitung, die Schwerkraft, Blei, Diamanten usw.

Saturn konzentriert und verdichtet. Er *materialisiert*. Er strebt nach sichtbaren, konkreten Resultaten. Deshalb ist er ehrgeizig. Saturn wird in der klassischen Astrologie der *große Übeltäter* genannt, weil er bewirkt, dass man nichts geschenkt bekommt, dass man sich alles knochenhart erarbeiten muss. Das, was

man gesät hat, kann meistens erst viel später und oft mit großer Mühe geerntet werden (Saturn: der Saatgott). Unter der Herrschaft Saturns kommen die Dinge nur langsam voran. Saturn ist der langsamste der antiken Planeten. Andererseits: Das, was schließlich erreicht wird, steht auf sicheren Grundlagen.

Saturn gibt dem Leben Form und Gesetz, nicht nur die äußeren, sondern auch die inneren Gesetze, unser Gewissen!

Saturn bewirkt die *Melancholie*, jene schwermütige Stimmung, die entsteht, wenn man realisiert, wie unvollkommen das Leben ist, wie sinnlos es oft erscheint, weil man als Mensch seine Beschränkungen nie völlig überwinden kann, und wie das Leben von der Zeitlichkeit durchdrungen ist. Die Melancholie wird sehr schön in Albrecht Dürers berühmtem gleichnamigen Kupferstich aus dem Jahre 1514 zum Ausdruck gebracht. Eine Abbildung und Deutung dieses Kunstwerks finden Sie im Anhang.

Sonne, Mond und Saturn: Gegensatz und Ergänzung

Saturn ist der Gegenspieler von Sonne und Mond. Er hat seine Exile in den Zeichen Krebs und Löwe, in denen Sonne und Mond ihre Domizile haben. Umgekehrt haben diese ihre Exile in Saturns Domizilen Steinbock (Exil des Mondes) und Wassermann (Exil der Sonne). Während Sonne und Mond im Grunde ideelle Kräfte sind, verkörpert Saturn die knallharte Realität. Er gibt dem Leben Form und Gesetz. Im Idealfall ergänzen sich Sonne, Mond und Saturn gegenseitig. König Sonne kann nur ein guter Herrscher sein, wenn er auf sein Gewissen (Saturn) hört und die Gesetze respektiert. Der sensible und launische Mond kann nur mit Hilfe von Saturn Stabilität finden.

Merkur und Jupiter

Merkur

Mythologisch wird der römische Gott Merkur dem griechischen Gott *Hermes* gleichgesetzt. Er ist der Götterbote, der Vermittler zwischen Himmel und Erde. Dank seines schlanken Körpers und der kleinen Flügel an Füßen und Helm ist er blitzschnell, genau so wie sein Planet der schnellste unter den Planeten ist. Merkur ist auch der Gott der Diebe und Betrüger.

In der Hand hält Merkur den *caduceus,* einen Stab aus Olivenholz, um den sich zwei Schlangen winden, die das Gute und das Böse verkörpern und die Dualität des irdischen Lebens symbolisieren, die sich zu einer Einheit finden sollen. Merkur-Hermes ist der Führer der Seelen in die Unterwelt.

Übrigens hatten Merkur und Venus eine Beziehung, aus der

Hermaphroditos (Sohn des *Hermes* und der *Aphrodite*) geboren wurde, ein Wesen mit Kennzeichen der beiden Geschlechter, was auch zum dualistischen Charakter Merkurs passt.

- *Natur*: männlich oder weiblich (abhängig von der Position im Tierkreis, von Verbindungen mit anderen Planeten usw.), Tagesplanet (als Morgenstern) oder Nachtplanet (als Abendstern), kalt und trocken.
- *Würden*: Domizile in Zwillinge und Jungfrau, Exile in Schütze und Fische, Erhöhung in der Jungfrau, Fall in den Fischen, Triplizität in der Luft, insbesondere in Waage und Wassermann.
- *Tag*: Mittwoch (französisch: *mercredi*).

- *Physisch*: Zunge, Arme, Hände, Schultern.
- *Farben*: grau, Mischfarben.
- *Signifikator* für: alle Formen der Kommunikation, Geschäfte, Papiere, Dokumente, Computer, Medien usw., Wissenschaftler, intelligente, schlaue und redegewandte Menschen, Diebe, Betrüger und Lügner, Geschäftsleute, Buchhändler, Anwälte, Autoren, Bürokräfte, Schulen, Läden und Märkte, vielfarbige Pflanzen, Quecksilber, Sand usw.

Merkur und Venus als Morgen- oder Abendstern

Merkur und Venus nennen wir die *Innenplaneten*, weil sie näher an der Sonne stehen als die Erde. Am Himmel halten sie sich immer in der Nähe der Sonne auf und können deshalb nur morgens vor Aufgang der Sonne oder abends nach deren Untergang beobachtet werden. Wenn Merkur und Venus morgens vor der Sonne aufgehen, sind sie *Morgenstern*; wenn sie abends nach der Sonne untergehen, *Abendstern*.

Bedeutung: Als Morgensterne neigen Merkur und Venus zum Konkreten, Praktischen, Diesseitigen, als Abendsterne zum Abstrakten, Theoretischen, Spirituellen.

In der Astrologie steht Merkur für den Verstand, den Intellekt. Er kann Dinge und Situationen schnell und kritisch analysieren. Wissenschaftliche Detailarbeit, schreiben und sprechen, das alles fällt unter Merkur. Der berühmte kartesianische Satz: «*Ich denke, also bin ich*» (*Cogito ergo sum*) ist eine typisch merkurische Aussage.

Wir haben bereits gesehen, dass auch Lüge und Betrug unter Merkur fallen. Zudem kann er bewirken, dass es zu Missverständnissen kommt, dass Informationen nicht begriffen werden, ihr Ziel nicht erreichen oder einfach zurückgehalten werden. Besonders ein *rückläufiger* Merkur kann sich auf diese Art und Weise auswirken.

Rückläufigkeit

Dreimal pro Jahr ist Merkur für etwa drei Wochen *rückläufig*. Das heißt, dass er, *von der Erde aus gesehen*, umkehrt und für eine Weile auf seiner Bahn zurückwandert. Auch die anderen Planeten werden von Zeit zu Zeit rückläufig. Die Ausnahmen in dieser Regel sind die Lichter Sonne und Mond. Dass es sich bei der Rückläufigkeit um eine optische Täuschung handelt, weil die Planeten in Wirklichkeit immer vorwärts laufen, spielt keine Rolle, denn die Erfahrung hat gelehrt, dass die Astrologie nur funktioniert, wenn die kosmischen Geschehnisse von einem irdischen Standpunkt aus betrachtet werden. Die optische Täuschung entsteht, wenn die Erde im Sonnensystem einen Planeten «überholt».

Von alters her wurde Rückläufigkeit als eine ernste Schwächung eines Planeten betrachtet.

Jupiter

Jupiter, der höchste römische Gott *(Jupiter optimus maximus)*, wird dem griechischen Gott *Zeus* gleichgesetzt. Er ist der Beherrscher des Himmels, des Lichts, des Blitzes *(Jupiter feretrus)*, des Regens *(Jupiter pluvialis)*, er gilt als Schützer von Recht und Wahrheit. Der Adler ist Jupiters Bote und Symbol, der Blitzstrahl sein Attribut. (Nicht umsonst heißt eines der Jupiterdomizile *Schütze!*)

- *Natur:* männlich, Tagesplanet, warm und feucht.
- *Würden:* Domizile im Schützen und in den Fischen, Exile in den Zwillingen und der Jungfrau, Erhöhung im Krebs, Fall im Steinbock, Triplizität im Feuer, insbesondere in Widder und Löwe.
- *Tag:* Donnerstag (italienisch: *giovedì*, spanisch: *jueves*).
- *Physisch:* Lungen, Leber.
- *Farben:* grün, königsblau, purpur.
- *Signifikator* für: ferne Reisen, Religion, Glück (im Spiel), Wachstum, Regen, Richter, Pfarrer, Lehrer, Ärzte usw., große freundliche Tiere (wie Pferde), Zinn usw.

Jupiter ist in der klassischen Astrologie der Glücksbringer, der große Wohltäter, weil er als einziger Planet *warm* und *feucht* ist und damit der «wohltemperierteste» Planet am Himmel ist und die Qualitäten hat, die das Leben selbst entstehen lassen. Im trockenen Mittelmeerraum war der Gott Jupiter der Regenmacher! Im Gegensatz zu Saturn ist er großzügig und schenkt den Menschen gerne seine Gunst. Jupiter lässt alles wachsen und gedeihen und heilt, was krank ist.

Er öffnet den Menschen weite Horizonte, sowohl geographisch (ferne Reisen) als intellektuell (Philosophie, Wissenschaften) und spirituell (Religionen). Jupiter denkt in großen Konzepten und sucht die Synthese. Er ist der große Optimist!

Weil Jupiter alles im großen Stil macht, kann er sich negativ als Übertreibung und Verschwendung auswirken.

Merkur und Jupiter: Gegensatz und Ergänzung

Da Merkur seine Exile in den Zeichen hat, in denen Jupiter zu Hause ist, und umgekehrt, könnte man meinen, dass die beiden Gegenspieler voneinander sind. Das könnte tatsächlich der Fall sein, wenn man in seinem Denken in der Analyse stecken bleibt, sich nur um die Details kümmert (Merkur) und nicht zu einer Synthese (Jupiter) kommt. Oder umgekehrt: Wenn man sofort eine feste Überzeugung (Jupiter) hat, ohne diese zuerst mit Fakten untermauert zu haben (Merkur). Der einseitige Merkurmensch liest jeden Tag wenigstens drei Zeitungen von vorne nach hinten und weiß mit allem, was er liest, im Grunde nicht viel anzufangen. (Er kann höchstens schön darüber erzählen.) Der einseitige Jupitermensch steckt voller Überzeugungen, die meistens Vorurteile sind, weil sie kaum auf Fakten basieren oder weil er nur diejenigen Fakten annimmt, die zu seiner Überzeugung passen und für alles andere den Kopf in den Sand steckt. Vielleicht könnte man die Menschheit sogar in diese beiden Kategorien einteilen, denn diejenigen, die Merkur und Jupiter in ihrem Denken wirklich integrieren, sind weitaus in der Minderheit. Gute wissenschaftliche Arbeit kann nur entstehen, wenn Merkur und Jupiter eng zusammenarbeiten. Aufgrund einer gediegenen Analyse und Faktensammlung kann man erst zu einer Synthese und dann zu einem wertvollen Ergebnis kommen.

Dass Merkur und Jupiter zusammen die vier *beweglichen* Zeichen beherrschen, bedeutet auch, dass beide immer in Bewegung sind und dass ihre Arbeit nie aufhört, gerade auch weil sie die Änderung anstreben! Auch die Wissenschaft erreicht nie einen Endpunkt, bleibt immer in Bewegung, wie der Philosoph Hegel betont hat. Eine These ruft immer eine Antithese hervor. Der Kampf zwischen den beiden führt unweigerlich dazu, dass sie schließlich in einer Synthese *aufgehoben* werden, in der die besten Elemente der beiden bewahrt bleiben. Aber diese Synthese ruft erneut eine Antithese hervor, die erneut zu einer Synthese führt usw.

Venus und Mars

Venus

Die römische Göttin Venus entspricht der griechischen Göttin *Aphrodite*. Nach griechischer Erklärung wird der Name von *aphros*, Schaum, abgeleitet, denn die Göttin wurde aus dem Schaum des Meeres geboren. Sie ist die Göttin der Liebe und Schönheit, der Kunst und der Harmonie. Sie schützt die Liebenden und straft die Verächter der Liebe. In Rom war der Monat April Venus als Frühlingsgöttin geweiht. Im April tritt die Sonne ins Zeichen Stier, eines der Venusdomizile. Venus hatte eine außereheliche Liebesbeziehung zu Mars. Der römische Dichter Ovid erzählt in seinen *Metamorphosen* (IV, 169) sehr schön und humoristisch wie Venus' Gatte Hephaistos, der Gott der Schmiedekunst, diesen Seitensprung entdeckte und wie er sich rächte.

Venus hat zahlreiche Künstler inspiriert. Zu den berühmtesten Kunstwerken, die Venus darstellen, rechnet man die klassische Statue *Venus von Milo* (Louvre, Paris) und Botticellis Gemälde *Die Geburt der Venus* (Uffizien, Florenz).

- *Natur*: weiblich, Nachtplanet, kalt und feucht.
- *Würden*: Domizile im Stier und in der Waage, Exile in Skorpion und Widder, Erhöhung in den Fischen, Fall in der Jungfrau, Triplizität in der Erde, insbesondere im Steinbock.
- *Tag*: Freitag (italienisch: *venerdì*).
- *Physisch*: Nieren, weibliche Geschlechtsorgane, Geruchssinn.
- *Farben*: helle Farben, wie himmelblau, leuchtend grün.
- *Signifikator* für: Liebe und Partnerschaft, soziale Kontakte,

Genuss, Schönheit, Kunst, Schmuck, junge Frauen, Künstler, Musiker, Dekorateure, Juweliere, Köche, Gärten und alle Orte, die mit Schönheit zu tun haben, Rosen, Lilien usw., Kupfer usw.

Während Jupiter der große Wohltäter ist, wird Venus als die kleine Wohltäterin betrachtet, weil sie Gegensätze in Harmonie vereinen kann. Sie ist Friedensstifterin und fördert die Zusammenarbeit unter Partnern, Freunden und Kollegen. Sie kann entzücken, bezaubern und verführen.

Auf der Kehrseite der schönen Venus-Medaille finden wir Eitelkeit, Genusssucht, Prostitution usw.

Mars

Der römische Gott Mars wird dem griechischen Gott *Ares* gleichgesetzt. Er ist der Kriegsgott, der Kämpfer. Zu Beginn eines
Krieges sammelten sich die Soldaten in Rom beim Tempel des
Mars Gradivus (= der das Heer im Kampf anführt). Als Vater
von *Romulus* und *Remus* wurde Mars als der Stammvater der
Römer verehrt. Ihm wurde der nach ihm benannte Monat März
(lateinisch: *martius*) geweiht. Im März tritt die Sonne ins Zeichen Widder, eines der Marsdomizile.

- *Natur*: männlich, Nachtplanet, warm und trocken.
- *Würden*: Domizile in Widder und Skorpion, Exile in Waage

und Stier, Erhöhung im Steinbock, Fall im Krebs, Triplizität im Wasser, insbesondere in den Fischen.
- *Tag*: Dienstag (italienisch: *martedì*, französisch: *mardi*).
- *Physisch*: männliche Geschlechtsorgane, das linke Ohr, Fieber, Wunden und Entzündungen.
- *Farbe*: rot.
- *Signifikator* für: Krieg, Polemik (zusammen mit Merkur), alle Aktivitäten, die Initiative und Mut erfordern, Waffen, Messer und scharfe Gegenstände, Operationen, Technik, junge (starke, mutige) Männer, Soldaten usw., Metzger, Chirurgen, Friseure, Waffenlager, Disteln, Kakteen, Dornensträucher, Eisen.

Mars ist die reine *Energie*. Er begünstigt Angelegenheiten, die Mut und Initiative erfordern. Aber weil er gewalttätig und aggressiv sein kann, Unfälle, Verletzungen usw. verursacht, wird er in der klassischen Astrologie als der kleine Übeltäter betrachtet. (Der große Übeltäter ist Saturn.)

Venus und Mars: Gegensatz und Ergänzung

Dort, wo Venus ihre Domizile hat, hat Mars seine Exile und umgekehrt. Wie in den beiden vorigen Planetengruppen, so handelt es sich auch hier um polare Planeten, die einander bekämpfen können, sich aber im Grunde ergänzen sollen. Venus ist weiblich, Mars ist männlich: Es geht ja hier auch um den Umgang zwischen den beiden Geschlechtern. Venus steht für die Erotik, Mars für die Sexualität. Die wirkliche Erfüllung kommt erst, wenn beide sich verbinden. Mars bedeutet Streit, Trennung und Dualität, die von Venus, der Friedensstifterin, zur Einheit gebracht wird.

Die Tierkreiszeichen

Tierkreiszeichen und Sternbilder

Wie schon im ersten Kapitel im Abschnitt *Tropischer und siderischer Tierkreis* erklärt, fallen die Sternbilder an der Ekliptik und die gleichnamigen Tierkreiszeichen nicht mehr zusammen. Aber sie bleiben in ihrer Namengebung und Symbolik eng miteinander verbunden, und aus diesem Grund werde ich am Anfang der Behandlung eines jeden Tierkreiszeichens auch das gleichnamige Sternbild und dessen mythologische Herkunft besprechen.

Ein *Sternbild* ist eine Gruppe von Fixsternen, die am Himmel eine mehr oder weniger ins Auge fallende Figur bilden und von alters her mit Namen bedacht wurden. Der ganze Himmel ist heute in 88 Sternbilder eingeteilt, aber die Sternbilder, um die es in diesem Buch geht, sind die zwölf an der Ekliptik. Manche Sternbilder sind sehr auffällig und/oder ausgedehnt (z.B. Stier und Löwe), manche sehr unansehnlich und klein (u.a. Krebs, Steinbock). Viele Namen der Sternbilder des nördlichen Himmels und der Äquatorzone stammen aus der griechischen Mythologie.

In den Sternbildern bekommt der hellste Stern den Namen des ersten Buchstabens des griechischen Alphabets (Alpha), der zweithellste den zweiten Buchstaben (Bèta), der dritthellste den dritten Buchstaben (Gamma) usw., gefolgt durch den Genitiv des lateinischen Namens. Die hellsten Sterne haben eigene, meist arabische Namen. So ist *Aldebaran* (‹das Stierauge›) der hellste Stern im Sternbild Stier. Sein wissenschaftlicher Name: *Alpha Tauri*.

In den jetzt folgenden Beschreibungen werden die (astronomisch-mythologischen) Sternbilder konsequent mit ihren lateinischen Namen, die (astrologischen) Tierkreiszeichen mit ihren deutschen Namen angedeutet.

Die *Tierkreiszeichen* haben eine doppelte Funktion: Einerseits sind sie die «Häuser» (Domizile) der Planetengötter, andererseits prägen sie die menschlichen Charaktere. Ein Mensch kann typische Widder-, Stier-, Zwillinge- usw. -Eigenschaften zeigen.

Für jedes Tierkreiszeichen gebe ich auch die physischen Zuordnungen. Der aufmerksame Leser wird feststellen, dass diese Entsprechungen (Körperteile, Organe) von oben (Widder = Kopf) nach unten (Fische = Füße) gehen.

Widder (Aries)

Das Sternbild Aries und seine mythologische Herkunft

Aries ist ein relativ kleines Sternbild, dessen hellster Stern (Alpha Arietis) *Hamal* (arabisch: Widder) ist. Man kann es am besten im Herbst und Winter beobachten.

Die Namengebung wird vor allem mit der Geschichte des griechischen Helden *Iason,* Führer der *Argonauten,* und des goldenen Vlieses verbunden. Das goldene Vlies war das Fell eines Zeus geopferten Widders. Das Vlies wurde in einem Ares (= Mars) geweihten Wald von einem Drachen bewacht. Iason tötete den Drachen und gewann mit Hilfe der Königstochter Medea, die sich in Iason verliebt hatte, das Vlies.

Er heiratete Medea, verstieß sie aber später und ging schließlich an ihrer Rache zu Grunde.

Diese Sage hat den für das Zeichen Widder und seinen Herrscher Mars kennzeichnenden Männermut als Hauptthema. Iason und seine Argonauten vollbringen unglaublich tapfere Taten, können dabei allerdings auf weibliche Hilfe nicht verzichten. Die Moral: Mann und Frau (Mars und Venus) brauchen einander. Wer das, wie Iason, nicht begreift, geht zugrunde.

Die andere Sage, die mit *Aries* am Himmel verbunden wird, ist die des Odysseus, der nach dem trojanischen Krieg, während seiner zehnjährigen Rückreise nach Ithaka, mit seinen Männern von dem einäugigen Zyklopen Polyphemos in einer Höhle gefangen gehalten wird, aus der er mit folgender List entkommt: Nachdem er Polyphemos erblindet hat, klammern sich seine Männer am Bauchfell von Polyphemos' Schafen fest und Odysseus sucht sich dafür einen Widder aus. Morgens entlässt Polyphemos die Tiere aus der Höhle, damit sie weiden können. Am Eingang betastet der blinde Riese seine Schafe zwar, aber bemerkt nicht, dass seine Gefangenen ihm auf diese Weise entkommen. So wie Odysseus dank eines Widders aus der Finsternis der Höhle wieder ans Tageslicht kommt, so bringt nach dem Winter die Sonne mit ihrem Eintritt ins Tierkreiszeichen Widder wieder den Frühling.

Das Tierkreiszeichen Widder

- *Natur*: erstes Feuerzeichen, männlich, kardinal, warm und trocken.
- *Würden*: männliches Domizil von Mars, Erhöhung der Sonne, Triplizität von Jupiter, Exil von Venus, Fall von Saturn.
- *Physisch*: Kopf, Kiefer, Kinn, Zähne.
- *Sonne im Widder:* ca. 21. März bis 21. April.

Der Widder ist das kardinale Feuer und entwickelt eine ungeheuer dynamische Treibkraft. Er handelt nicht nur, er stürmt vorwärts und schaut sich dabei nicht einmal um, ob andere ihm folgen. Ein Einzelgänger! «Wo ein Wille ist, ist ein Weg,» lautet seine Devise, und sein Wille ist nun einmal äußerst stark, sehr bewusst und nach außen gerichtet. Kein Wunder, dass der göttliche *Mars* dieses Zeichen als sein männliches *Domizil* gewählt hat. Pionierarbeit wird geleistet, Initiative wird ergriffen, der Kampf wird nicht gescheut, für Probleme werden schnelle und unkomplizierte Lösungen gesucht und gefunden und das alles in großer Unabhängigkeit. Wenn der Widder seine Ziele nicht schnell erreicht, liegt es auf der Hand, dass er schrecklich ungeduldig wird. Der Egoismus liegt auf der Lauer.

Kein Wunder, dass die auf Harmonie und Zusammenarbeit bedachte *Venus* im Widder-Zeichen in ihrem *Exil* steht. Liebe kann man ja nicht zwingen!

Dass der vorsichtige, tiefgründige *Saturn*, der keinen zweiten Schritt macht, ohne den ersten hundertprozentig abgesichert zu haben, hier seinen *Fall* erlebt, ist ebenfalls vorstellbar.

Die *Sonne* dagegen fühlt sich im Hause Widder sehr wohl. Sie ist dort *erhöht*, weil sie nach dem Winter in diesem Frühlingszeichen wieder mehr Kraft bekommt und sie so die Tage wieder länger als die Nächte macht.

Auch *Jupiter* fühlt sich im Widder wohl und erlebt dort seine *Triplizität*, denn Jupiter ist der geborene Optimist, und Optimismus ist die vorherrschende Stimmung im Hause Widder, wo keiner davon redet, dass etwas schiefgehen könnte.

Der sensible *Mond* ist im Widder *peregrin*. Draufgängertum ist ihm fremd.

Auch *Merkur* ist hier *peregrin*. Zwar gefällt ihm das Blitzartige des Widders, denn er selbst ist ja auch sehr schnell, aber für die Analyse von Fakten braucht man eine gewisse Ruhe und Objektivität, die Widder fehlen.

Stier (Taurus)

Das Sternbild Taurus und seine Herkunft

Das Sternbild *Taurus* bietet in Winternächten ein beeindruckendes Schauspiel. Sein Hauptstern *Aldebaran* (Alpha Tauri, das Stierauge) ist einer der hellsten Sterne am Himmel. Rechts neben Aldebaran finden wir den Sternhaufen der *Hyaden* (griechisch: «Regengestirne»). Weiter rechts oben (in der Schulter des Stiers) liegt das auffällig schöne Siebengestirn der *Plejaden*, deren hellster Stern *Alcyone* (Èta Tauri) ist.

Die *Hyaden* waren einst Wassernymphen, die nach dem Tod ihres Bruders Selbstmord begingen und als Sterne an den Himmel versetzt wurden. Die *Plejaden* waren die sieben Töchter von *Atlas*. Die schönste unter ihnen war *Alcyone*. Eine andere hieß *Maja* und sie gab dem Monat, in dem die Sonne durch das Zeichen Stier wandert, seinen Namen. Zeus gab diesen Mädchen als Siebengestirn einen Platz am Himmel, um sie vor der Begierde des Riesen *Orion* zu schützen. Orion findet man unterhalb des Stiers, und er ist das mit Abstand eindrucksvollste Sternbild am ganzen Winterhimmel. Der Riese greift mit seinem rechten Arm vergebens nach den Plejaden, die für ihn zu hoch am Himmel stehen.

Es gibt in der griechischen Mythologie mehrere Geschichten, in denen ein Stier eine wichtige Rolle spielt. So entführte Zeus in der Gestalt eines Stiers die schöne Königstochter *Europa*. Theseus tötete mit Hilfe von Ariadne das Ungeheuer *Minotaurus* im kretensischen Labyrinth. Aber der wichtigste Grund für den Stier am Himmel ist zweifellos, dass dieses Tier in vielen Kulturen ein Fruchtbarkeitssymbol war. So war der Stier dem griechischen Gott Dionysos (oder Bacchus) geweiht, der als Vegetationsgott, als Gott der Baumzucht und des Weins sowie als Fruchtbarkeitsgott verehrt wurde. In Dichtung und Kunst erscheint Dionysos oft als Bock oder Stier. Sein Gefolge bestand u.a. aus in Ekstase versetzten Anhängerinnen und Nymphen, was die Anwesenheit der Hyaden und Plejaden im Sternbild Taurus erklären kann.

Das Tierkreiszeichen Stier

- *Natur*: erstes Erdzeichen, weiblich, fest, kalt und trocken.
- *Würden*: weibliches Domizil von Venus, Erhöhung des Mondes, Exil von Mars.
- *Physisch*: Nacken, Hals, Kehlkopf, Speiseröhre, Stimmorgane.
- *Sonne im Stier*: ca. 22. April bis 21. Mai.

Der Stier ist praktisch, sachlich und realistisch. Als festes Erdzeichen ist er ruhig, geduldig und beharrlich, was übrigens auch zur Starrköpfigkeit und zum Dogmatismus führen kann. Er ist langsam, aber gediegen und fühlt eine tiefe Verbundenheit mit dem Boden, auf dem er steht und arbeitet, so wie gute Bauern das erfahren. Unter der Herrschaft von Venus ist er als weibliches Zeichen empfänglich für alles Schöne der Erde, das er richtig genießt und oft auch besitzen und vermehren will. Materialismus und Eifersucht auf andere, die mehr haben als er, sind eine reelle Gefahr! Der Stier ist das Zeichen des Geldes, des Bankers und von allen, die mit Besitz und Materie zu tun haben, wie Konstrukteure, Architekten usw.

Kein Wunder, dass *Mars* im Stier sein *Exil* hat, denn der Stier will seinen Besitz absichern, während Mars weitere Gebiete erobern möchte. Allerdings kann Mars wie im Stierkampf als das rote Tuch wirken: Wenn man den Stier zu sehr ärgert, kann er vor Wut explodieren!

Der *Mond* ist im Stier *erhöht*: Das Gefühlsleben findet hier Ruhe, Beständigkeit und Erdverbundenheit. Wenn die Sonne im Widder in der Erhöhung steht, wird der Mond im Stier wieder sichtbar. Die beiden Lichter finden ihre Erhöhung in den beiden ersten kosmischen Zeichen: Widder (männlich) und Stier (weiblich).

Sonne, *Merkur* und *Jupiter* sind hier *peregrin*; es ist ihnen im Hause Stier zu ruhig, irgendwie zu langweilig und wahrscheinlich auch zu materialistisch.

Auch *Saturn* ist hier *peregrin*, obwohl man sich vorstellen kann, dass er sich als kalter und trockener Planet mit diesem kalten und trockenen Erdzeichen durchaus verständigen kann.

Zwillinge (Gemini)

Das Sternbild Gemini und seine Herkunft

Die *Gemini* sind ein Wintersternbild, das die Form eines Rechtecks hat. Die beiden hellsten Sterne sind *Castor* (Alpha Geminorum, links oben im Rechteck) und *Pollux* (Bèta Geminorum, links unten).

Castor und Pollux sind die *Dioskuren* (Söhne des Zeus). Ihre Mutter ist *Leda*, bei der *Zeus* in der Gestalt eines Schwans die beiden Söhne zeugte. Aus verschiedenen, teilweise düsteren Gründen war Castor sterblich und Pollux unsterblich. Sie waren tapfere Helden und trennten sich nie voneinander. Als Castor in einem Kampf starb, war Pollux untröstlich und bat seinen Vater, Castor wieder ins Leben zurückzuholen. Zeus hatte nicht die Macht dazu, aber kam mit *Hades*, dem Gott der Unterwelt, überein, dass Castor jeden zweiten Tag bei Pollux auf dem Olymp verbleiben durfte. Pollux entschloss sich dann, den anderen Tag mit Castor in die Unterwelt zu gehen, sodass sie von nun an immer zusammen sein konnten.

Im alten Griechenland wurden die Dioskuren als Heiler und Retter in der Not sehr verehrt, insbesondere unter den Seeleuten. Im Grunde waren die Dioskuren überall und für alles ‹einsetzbar›. Im alten Rom stand ihr Tempel auf dem Forum romanum.

Das Tierkreiszeichen Zwillinge

- *Natur*: erstes Luftzeichen, männlich, beweglich, warm und feucht.
- *Würden*: männliches Domizil von Merkur, Triplizität von Saturn, Exil von Jupiter.
- *Physisch*: Luftröhre, Bronchien, Schultern, Arme, Hände, Nerven.
- *Sonne in den Zwillingen:* ca. 22. Mai bis 21. Juni.

Wie die Dioskuren ist das Zeichen Zwillinge beweglich, dualistisch und sowohl *in* der Welt zu Hause, als auch darüber (auf Zeus' Olymp) und darunter (in Plutos Unterwelt). Nicht umsonst wählte Merkur, der Götterbote und Führer der Gestorbenen in die Unterwelt, das Zeichen Zwillinge als eines seiner Domizile.

Zwillinge ist das Zeichen aller, die mit Kommunikation, Reden und Handel zu tun haben. Der Zwilling ist immer auf der Suche nach Neuigkeiten und Nachrichten, die er sammelt und sofort weitergibt und vermittelt. Schwieriger ist es für ihn, zu einer fundierten eigenen Meinung zu kommen. Weil er mehr nach Erfahrungen als nach konkreten Ergebnissen strebt, beschäftigt sich der Zwilling oft mit vielen Dingen gleichzeitig und hat Schwierigkeiten, sie zu Ende zu bringen. Die Gefahr ist, dass er nur redet und nicht zur Tat schreitet, was übrigens weniger ein Problem ist, wenn er das Reden und Schreiben zum Beruf macht (Journalisten, Lehrer usw.). Oberflächlichkeit gehört zu den Risiken und Nebenwirkungen seiner Vielseitigkeit. Auch Ehrlichkeit ist nicht immer die stärkste Seite der Zwillinge.

Logisch, dass der auf Synthese und auf philosophische Tiefgründigkeit ausgerichtete *Jupiter* hier in seinem *Exil* steht.

Dass der strenge *Saturn* in den lockeren und beweglichen Zwillingen in Triplizität steht, scheint vielleicht merkwürdig. Der Zwilling soll allerdings zu den Personen und Sachen, zwischen denen er vermittelt, eine gewisse Objektivität und Distanz (Saturn) wahren. Die Klassiker nannten Saturn auch *Mercurius senex* (‹Merkur, der Alte›)!

Die beiden Lichter *Sonne* und *Mond* sind hier *peregrin*. Beide, die Symbole der Einheit und des rein männlichen und weiblichen Prinzips, finden die Atmosphäre im Hause Zwillinge zu dualistisch, zu hermaphroditisch.

Wahrscheinlich aus dem gleichen Grunde sind der männliche *Mars* und die weibliche *Venus* in den Zwillingen *peregrin*.

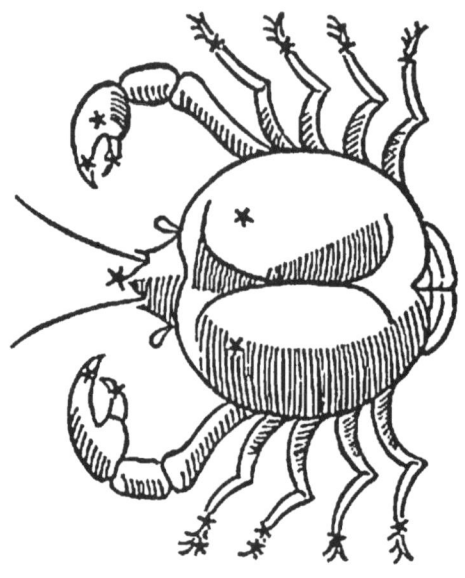

Krebs (Cancer)

Das Sternbild Cancer und seine Herkunft

Zwischen den auffälligen Sternbildern *Gemini* und *Leo* befindet sich das unscheinbare Sternbild *Cancer*, das mit einiger Fantasie einer Krabbenschere gleicht und am besten in einer klaren Winternacht zu beobachten ist. Sogar sein hellster Stern *Acubens* (= Schere, Alpha Cancri) ist ziemlich unauffällig. Am schönsten in diesem Sternbild ist der Sternhaufen M44, *Praesepe* (Krippe) genannt, der schon im Altertum als ‹Nebelstern› bekannt war. Er zeigt sich als verwaschener Nebelfleck, der sich bereits in einem kleinen Fernrohr in viele Sterne auflöst. Aus der Krippe fressen zwei Esel: *Asellus borealis* (der nördliche Esel, Gamma Cancri) und *Asellus australis* (der südliche Esel, Delta Cancri).

Dem griechischen Sagenheld und Halbgott *Herakles* (lateinisch: Hercules), Sohn von Zeus und Alkmene, wurden zwölf

‹Aufgaben› aufgetragen. Die zweite Aufgabe war die Tötung der neunköpfigen Schlange *Hydra*, die in einem Sumpf lebte. Bei dieser Aufgabe wurde unser Held von einem riesigen Krebs, der aus dem Sumpf gekrochen kam, angegriffen. Mit großer Mühe gelang es Herakles, Krebs und Schlange zu töten. Zeus' Gemahlin *Hera* hasste Herakles, weil er der Sohn einer der Geliebten ihres Mannes war, und hatte den Krebs auf ihn losgehetzt. Als Dank für seine Bemühungen gab Hera dem Tier einen Platz am Himmel.

Während der Krebs Herakles unterlag, schaffte er es jedoch, am Himmel die Sonne zu besiegen: Im Zeichen Krebs hat die Sonne ihren Höhepunkt erreicht, und die Tage werden wieder kürzer. Am Krebswendekreis kehrt die Sonne auf ihren Schritten zurück und macht den Krebsgang!

Das Tierkreiszeichen Krebs

– *Natur*: erstes Wasserzeichen, weiblich, kardinal, kalt und feucht.
– *Würden*: Domizil des Mondes, Erhöhung von Jupiter, Exil von Saturn, Fall von Mars.
– *Physisch*: Magen, Lymphe, Brustdrüsen, Lungen.
– *Sonne im Krebs*: ca. 22. Juni bis 22. Juli.

In der christlichen Kultur gibt es wie im Sternbild Cancer/*Krebs* auch eine Krippe, aber nicht mit zwei Eseln, sondern mit einem Esel und einem Ochsen. In der Krippe befindet sich kein Heu, sondern hier liegt das Christkind, dessen Mutter Maria ist. Mutterschaft ist ein Schlüsselwort des Krebs-Zeichens und von dessen Herrscherin *Mond*.

Das Wasserzeichen Krebs ist das Zeichen der Meere (so wie Skorpion die Seen und Sümpfe, und die Fische die Flüsse beherrschen); die Griechen sahen *Okeanos*, das Weltmeer, als die

Urmutter, aus der das Leben entstanden ist. Krebs ist das Zeichen der Seeleute und aller, die andere versorgen und ernähren. Es ist ebenfalls das Zeichen der Musik und der Musiker.

Als kardinales Zeichen ist Krebs sehr aktiv: Es gibt Geborgenheit, Häuslichkeit und schützt Kinder, Familie sowie alle, die seinen Herd besuchen. Sein Haus umhüllt liebevoll die Menschen, so wie der Mutterleib das ungeborene Kind umhüllt. Wer in der Stille der Nacht das kleine und zärtliche Sternbild Cancer bestaunt, bekommt einen Eindruck von Intimität.

Ein Krebs gibt nicht auf, genauso wenig wie das gleichnamige Tier die Beute loslässt, die es zwischen seinen Scheren ergattert hat. Aber der Krebs erreicht sein Ziel nicht auf dem direkten Weg oder mit Gewalt (wie der Widder), sondern dank seines guten Gespürs für die herrschende Atmosphäre. Er kann warten. Wie kein anderer weiß der Krebs, wann die Zeit für die Verwirklichung seiner Pläne reif ist. Eben wegen dieser Symbiose mit seiner Umgebung kann er launisch sein, so wie sich auch seine Herrscherin Mond immer ändert.

Dass *Jupiter*, der Planet der Fruchtbarkeit und des Wachstums, in diesem mütterlichen Zeichen *erhöht* ist, ist einleuchtend.

Saturn dagegen befindet sich im Krebs im *Exil*, weil hier das Leben selbst und nicht die Konkretisierung des Lebens im Vordergrund steht, weil es hier nicht um Verfestigung, sondern um Wachstum geht.

Mars steht im Krebs im *Fall*, weil seine Energie hier in einer Träumerei stecken bleiben kann.

Merkur und *Venus* sind hier *peregrin*, denn der nüchtern analysierende Merkur hat mit der Emotionalität im Hause Krebs nichts am Hut. Die kalte und feuchte Venus sollte sich gegebenenfalls im kalt-feuchten Wasserzeichen mehr zu Hause fühlen, aber zwischen Mutterliebe (Krebs, Mond) und partnerschaftlicher Liebe gibt es nun einmal einen großen Unterschied. Das rein männliche Prinzip der *Sonne* ist im weiblichen Krebs ebenfalls *peregrin*.

Löwe (Leo)

Das Sternbild Leo und seine Herkunft

Wie zu erwarten ist das Sternbild *Leo* nicht zu übersehen. Es steht majestätisch am nächtlichen Himmel und ist am besten im Frühjahr zu beobachten. Es ist nicht schwierig, in den neun wichtigsten Sternen einen liegenden Löwen zu erkennen. Der hellste Stern ist *Regulus* (lateinisch: «der kleine König», Alpha Leonis), auch «das Herz des Löwen» genannt, der zweithellste ist *Denebola* (arabisch: «Schwanz des Löwen», Bèta Leonis).

Der Löwe ist in vielen Kulturen ‹der König der Tiere› und ist seit alters her ein Symbol für Kraft und Königswürde. Wie gut passt es, dass die Sonne, die ebenfalls mit Lebenskraft und Königtum verbunden wird, ihre größte Wärme ausstrahlt, wenn sie durch das Zeichen des Löwen wandert! Löwe und Sonne:

ein unschlagbares Team! Natürlich ist der Löwe auch gefährlich und oft verheerend. Nur ein echter Held wie Herakles kann ein Tier von diesem Kaliber schlagen. Es war Herakles, der den Nemeischen Löwen, der laut der griechischen Sage in Städten und Dörfern wütete, besiegte.

Das Tierkreiszeichen Löwe

- *Natur:* zweites Feuerzeichen, männlich, fest, warm und trocken.
- *Würden:* Domizil der Sonne, Triplizität von Jupiter, Exil von Saturn.
- *Physisch*: Herz, Kreislauf, Rücken, Wirbelsäule, Leber.
- *Sonne im Löwen*: ca. 23. Juli bis ca. 22. August.

König Löwe steht im Mittelpunkt, wird beachtet und entlohnt dafür seine «Untertanen» großzügig. Er übernimmt gerne die Führung und dank seiner Festigkeit und Stabilität kann er sie auch übernehmen, obwohl er dabei riskiert, auch mal diktatorisch zu werden. Selbstunterschätzung ist nicht des Löwen Problem! Sein Problem ist vielmehr die Egozentrizität, die Schwierigkeit, anderen aufmerksam und einfühlsam zuzuhören. Wie das ebenfalls feste Zeichen Stier kann Löwe starrköpfig und dogmatisch sein, zudem auch eitel und selbstgenügsam. Aber wenn alles so läuft, wie er es sich vorstellt, weiß er das Leben zu genießen, wie «Gott in Frankreich».

Der Unterschied zum ersten Feuerzeichen Widder ist, dass dieser einfach losgeht (kardinales Zeichen), ohne sich darum zu kümmern, was ‹die anderen› davon halten, während der Löwe, auf seinem Thron sitzend (fixes Zeichen!), sich ohne Publikum, das ihn beweihräuchert, unglücklich fühlen würde. Während Widder nach außen gerichtete Energie ist, ist Löwe gesammelte, statische Energie.

Der selbstbewusste *Jupiter* (oft als «die kleine Sonne» bezeichnet!) hat im Löwen *Triplizitätswürde.*

Auffällig ist, dass mit Ausnahme von Jupiter alle anderen
Planeten nicht gut im Löwen stehen. Die Sonne scheint anderen
in seinem Haus keine Würde zu gönnen, denn nur einer kann
König sein!

Saturn steht hier in seinem *Exil. Sonne* und *Saturn*: die per-
sönliche (oft selbstherrliche) und die unpersönliche (trockene,
oft gnadenlose) Autorität vertragen sich nicht so gut. Königswürde neben Beamtentum, das passt weniger zusammen!

Der *Mond* ist als rein weibliches Prinzip im männlichen Löwen *peregrin,* genauso wie die Sonne im Monddomizil Krebs
peregrin steht.

Merkur und *Venus* sind hier ebenfalls *peregrin.* Als Innenplaneten befinden sie sich immer sehr nah an der Sonne und können
im *Domizil* des großen Bruders kaum selbstständig operieren.

Sogar *Mars* ist im Sonnendomizil *peregrin,* obwohl die Sonne
im Marsdomizil Widder *erhöht* ist.

Jungfrau (Virgo)

Das Sternbild Virgo und seine Herkunft

Neben dem königlichen *Leo* befindet sich das Sternbild der die-
nenden *Virgo*, das am besten im Frühjahr zu beobachten ist.
Der hellste Stern dieser Gruppe, in der man eine geflügelte Jungfrau erkannte, ist der sehr auffällige *Spica* (Alpha Virginis).

Dieses Sternbild wird mit *Persephone*, der Tochter der Getrei-
degöttin *Demeter* (der römischen *Ceres*) in Verbindung gebracht.
Die Jungfrau Persephone wurde während ihres Spiels in den
blühenden Wiesen vom Gott der Unterwelt *Hades* (*Pluto*) ge-
raubt und zu seiner Gemahlin gemacht. Ihre Mutter war untröstlich und kümmerte sich nicht mehr um die Pflanzen, sodass alles verdorrte. Wie für die beiden Zwillinge Castor und
Pollux fand Zeus auch hier den folgenden Kompromiss: Perse-

phone verbringt ein halbes Jahr bei ihrem Mann in der Unterwelt und ein halbes Jahr bei ihrer Mutter auf der Erde. Bei Hades ist sie im Winter, wenn die Natur schläft, bei Demeter im Sommer, wenn alles wächst und blüht.

Im August, dem Erntemonat, tritt die Sonne in die Jungfrau. Deshalb wurde *Alpha Virginis* von den Arabern *Spica* genannt, was ‹Getreidehalm› bedeutet. So trägt der Stern *Èta Virginis* den lateinischen Namen *Vindemiatrix* (‹die Ernte-Arbeiterin›).

Während im Frühjahr das Säen und die Bearbeitung der Äcker Männerarbeit ist, erscheinen in der Erntezeit die Frauen, die Binderinnen, mit ihren Kopftüchern, die sie vor der brennenden Sonne schützen. Die Ernte ist eine vor allem weibliche Angelegenheit. Oder eigentlich sollte man sagen: Sie *war* eine weibliche Angelegenheit, die jetzt von dem Mähbinder, einer Maschine, die sowohl mäht als auch bindet, übernommen wird. Hoch lebe der Fortschritt!

Das Tierkreiszeichen Jungfrau

– *Natur:* zweites Erdzeichen, weiblich, beweglich, kalt und trocken.
– *Würden:* weibliches Domizil *und* Erhöhung von Merkur, Triplizität des Mondes, Exil von Jupiter, Fall von Venus.
– *Physisch:* Darm, Blinddarm, Verdauungsorgane, Bauch, Eingeweide, Milz.
– *Sonne in der Jungfrau:* ca. 23. August bis 22. September.

Im Zeichen Jungfrau steht *Merkur* sowohl im *Domizil* als auch in *Erhöhung.* Merkurs Talent für die Analyse und sein Sinn für's Detail kommen hier, in seinem weiblichen Domizil, noch besser zur Geltung als in den männlichen Zwillingen. Die Zwillinge sammeln aktiv alle Fakten, Nachrichten usw., die sie ergattern können, die Jungfrau sortiert, selektiert und analysiert dieses

Material. Wie die Binderinnen bei der Ernte trennt sie die Spreu vom Weizen, das Unbrauchbare vom Brauchbaren. Jungfrau ist das Zeichen der Lagerverwalter, Einzelhändler, Börsenmakler und Apotheker. Bei dieser wichtigen Detailarbeit kann es passieren, dass die Jungfrau vor lauter Bäumen den Wald nicht mehr sieht, was dann für sie zu einem echten Problem werden kann. Die Jungfrau sieht sofort alle Unvollkommenheiten, kritisiert andere, aber wird selbst nicht gerne kritisiert, obwohl sie sehr selbstkritisch ist und sich mit dem Ergebnis ihrer Arbeit fast nie zufriedengibt. Im Gegensatz zum Herrscher Löwe ist die Jungfrau eine Dienerin, hilfsbereit und pflichtgetreu. Sie dient nicht nur anderen, sondern auch sich selbst, indem sie ihren Körper und ihre Gesundheit pflegt. Sie sollte allerdings aufpassen, dass sie kein Pedant wird. Improvisieren fällt ihr schwer; sie sollte auch mal versuchen, das Leben so zu nehmen, wie es kommt, statt jede Einzelheit im Voraus zu planen.

Das sorgende Prinzip dieses Zeichens bewirkt, dass der *Mond* sich hier wohl fühlt und *Triplizitätswürde* hat.

Jupiter dagegen steht hier im *Exil*. Kein Wunder, denn dieser Planet liebt die Synthese und die großen Konzepte mehr als Präzision und Detailarbeit.

Venus ist hier in *Fall*: Der Liebesplanet bleibt in der Jungfrau kühl und nüchtern und neigt dazu, den Liebespartner übermäßig zu kritisieren.

Die *Sonne* ist hier *peregrin*, denn ein König besucht die Stübchen seiner Dienerschaft nur, wenn es nicht anders geht.

Der stürmische *Mars* fühlt sich hier ebenfalls nicht zu Hause, weil er mit seinem aufbrausenden Charakter Kleintuerei und Pingeligkeit nicht mag. Er wird hier ungeduldig und ist *peregrin*.

Dass der vorsichtige *Saturn* mit seiner Liebe für Gediegenheit in diesem Hause Merkurs *peregrin* ist, scheint merkwürdig. Aber obwohl der Hausherr hier eine Seite zeigt, die Saturn besser gefällt, bleibt er dem schnellen und oft unzuverlässigen Merkur gegenüber misstrauisch.

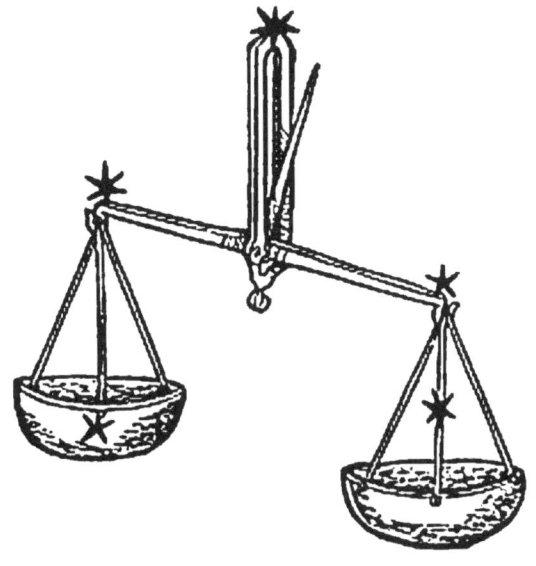

Waage (Libra)

Das Sternbild Libra und seine Herkunft

Dieses Sternbild ist am besten im Frühjahr und Frühsommer zu beobachten. Die drei hellsten Sterne bilden ein regelmäßiges Dreieck, an dem die beiden Schalen der Waage hängen. Alpha Librae wird auch die *südliche Schale*, Bèta Librae die *nördliche Schale* genannt.

Wenn die Sonne um den 22. September in die Waage tritt, sind Tag und Nacht wieder gleich lang und ein *Gleichgewicht* wird wiederhergestellt. Aus diesem Grunde wurde die Waage schon seit alters her mit der *Gerechtigkeit* verbunden, deren Personifizierung *Justitia* ist, eine Frau mit Schwert und Waage, später auch mit verbundenen Augen (Zeichen des Urteilens ohne Ansehen der Person).

Das Tierkreiszeichen Waage

- *Natur*: zweites Luftzeichen, männlich, kardinal, warm und feucht.
- *Würden*: männliches Domizil von Venus, Erhöhung von Saturn, Triplizität von Merkur, Exil von Mars, Fall der Sonne.
- *Physisch*: Nieren, Venen, Hormone, Ausscheidungsorgane, Leisten, Gebärmutter, Gelenke.
- *Sonne in der Waage*: ca. 23. September bis 23. Oktober.

Als männliches, kardinales Zeichen strebt die Waage aktiv nach Gleichgewicht und Gerechtigkeit. Kein Wunder, dass die auf Harmonie bedachte *Venus* hier ihr Domizil hat. Die Waage richtet sich nach der harmonischen Ordnung des Lebens, was sich auch als künstlerische Veranlagung äußern kann. Die Liebe für das Schöne kann die Waage übrigens zur Eitelkeit verführen.

Die Waage ist der geborene Diplomat, der intelligent taktiert und sich kluge Strategien ausdenkt (Luftzeichen). Er vermeidet Gegensätze und passt sich seiner Umgebung an, ohne sein Ziel aus den Augen zu verlieren, das er mit Ausdauer anstrebt.

Andererseits kann ihn sein Bedürfnis nach Harmonie unentschlossen machen. Innere Schwäche führt dann zu endlosen Debatten.

Saturn findet hier seine *Erhöhung*, denn Waage und Saturn sind kongenial, was die Ausdauer und das Anstreben von Zielen betrifft. Zudem: Schwerkraft (Saturn) wird durch Gleichgewicht (Waage) aufgehoben. Ein Kippfenster bleibt in jedem Stand, dank eines Gegengewichtes, stabil. Schwere neutralisiert Schwere!

Weil Waage ein typisches Luft- und Denkzeichen ist, hat *Merkur* hier seine *Triplizität*.

Selbstverständlich befindet sich der völlig undiplomatische und sehr entschlussfreudige *Mars* hier im *Exil*.

Die eher egozentrische *Sonne*, um die sich alle anderen dre-
hen (sollen), steht in der Waage im *Fall*, weil sie in diesem Du-
Zeichen Schwierigkeiten hat, das Gegenüber als gleichwertig zu
sehen. Als echte Autorität mag die Sonne kein diplomatisches
Geplänkel und setzt lieber ihren Willen durch.

Mond und *Jupiter* sind hier *peregrin,* obwohl sich der warm-
feuchte Jupiter mit der warm-feuchten Atmosphäre des Luftzei-
chens durchaus anfreunden kann und der schnell aus dem
Gleichgewicht zu bringende launische Mond hier die Möglichkeit hat, sein Gleichgewicht zu finden.

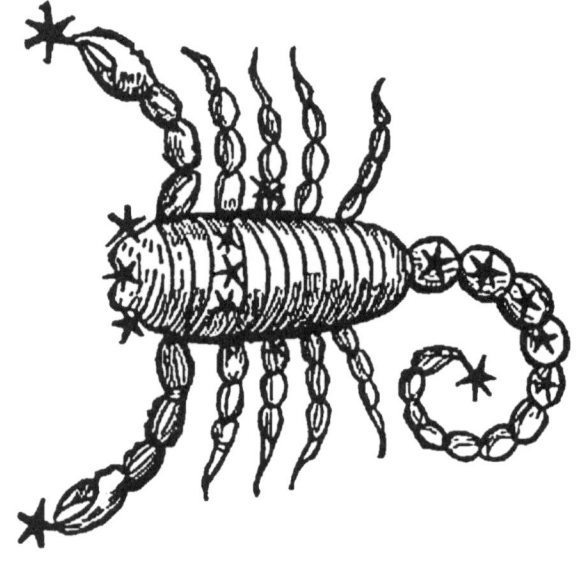

Skorpion (Scorpio)

Das Sternbild Scorpio und seine Herkunft

Scorpio steht im Sommer abends tief im Süden. Der südlichste Teil (der Stachel) ist nur im Mittelmeerraum und südlicher sichtbar. Wer das Tier, das in südlichen Ländern sehr frequent vorkommt, kennt, wird ohne viel Mühe in diesem Sternbild den Skorpion erkennen. Sein hellster Stern (Alpha Scorpionis) heißt *Antares*, was auf griechisch ‹Gegenmars› bedeutet. Denn Antares erscheint uns ebenso rot wie der Planet Mars.

Orion, der gewalttätige Jäger in der griechischen Mythologie, stellte eine richtige Bedrohung dar, insbesondere wenn er betrunken war. Keine Frau, noch nicht einmal seine Stiefmutter, war vor ihm sicher. Wir wissen bereits (s. Abschnitt Stier), dass er sich auch an den Plejaden vergreifen wollte, und so wurde er schließlich zur Gefahr für die ganze Natur. *Artemis* (die römische *Diana)*, die Göttin der Jagd, der Keuschheit und der unberührten Natur, schickte einen riesigen Skorpion auf ihn los, von dem Orion schließlich getötet wurde.

Warum heißt das Sternbild, in das die Sonne im Oktober eintritt, Scorpio? Wenn im Mittelmeerraum alles, was in den vorherigen Monaten geerntet wurde, in Scheunen gelagert wird, dann zieht das vielerlei Insekten an, auf welche die Skorpione lauern. Der Skorpion wurde damit nicht nur ein Todessymbol und ein Symbol der Gefahr und der Fäule, sondern auch der Reinigung. Orion bedroht das Leben auf der Erde, ein Skorpion tötet ihn!

Das Tierkreiszeichen Skorpion

- *Natur*: zweites Wasserzeichen, weiblich, fest, kalt und feucht.
- *Würden*: weibliches Domizil von Mars, Exil von Venus, Fall des Mondes.
- *Physisch*: Genitalorgane, Blase.
- *Sonne im Skorpion*: ca. 24. Oktober bis 22. November.

Im *Skorpion* hat Mars sein weibliches Domizil. Mars ist nicht nur Angreifer (Widder-Mars), sondern auch Verteidiger, nicht nur aggressiv, sondern auch zurückhaltend, Widerstand leistend. Aber zur gleichen Zeit sinnlich und begehrend, umgestaltend und reorganisierend. Ja, wenn nötig kann er sogar geduldig und beharrlich sein, denn Skorpion ist ein festes Zeichen.

Schlüsselwörter für den Skorpion sind: *Tiefe, Transformation, Tod*. Der Skorpion gibt sich nicht mit der Oberfläche der Dinge zufrieden, er geht in die Tiefe und lässt dabei keinen Stein auf dem anderen.

Eine der wichtigen Aufgaben des Skorpions ist die Vernichtung des Überflüssigen und Schädlichen, damit Platz für neue

Lebensformen geschaffen wird und eine richtige Transformation stattfinden kann. Ein Zitat: «... *mit drängender Energie geladen, steht der Mensch hier vor dem verschlossenen Tor, das ihn zur Erkenntnis einlassen soll; gelingt es ihm, das Tor zu sprengen, so wird er in die reinen Regionen des Geistigen eingehen, gelingt es ihm nicht, fällt er in die dumpfe Welt der Sinne zurück.*»[2] Im skorpionischen Sinne ist der Tod nicht das Ende, sondern eine Transformation, die es ermöglicht, wie ein Phönix aus der Asche emporzusteigen.

Wie sein Gegenzeichen *Stier* kann auch Skorpion sehr eifersüchtig sein, was sich dann in reiner Rache und Zerstörungswut äußert.

Im Grunde ist Mars der einzige, der sich in diesem Zeichen wohl fühlt. Alle anderen Planeten fühlen sich in diesem dunklen und kalt-feuchten Bereich nicht heimisch. Obwohl *Venus* und *Mond*, beide kalt und feucht, eine gewisse Affinität mit dem kalt-feuchten Wasserzeichen Skorpion haben, steht *Venus* hier im *Exil* und der *Mond* im *Fall*. Ihre auf Kompromisse ausgerichtete Sensibilität kommt mit dem skorpionischen «Alles oder nichts» nicht zurecht. *Sonne, Merkur, Jupiter* und *Saturn* sind hier *peregrin*. Das Sonnenlicht dringt nicht in die Höhle des Skorpions durch. Die Emotionalität in diesem Zeichen lässt den nüchternen und strikt logisch vorgehenden Merkur verstummen. Der auf die Weite orientierte Jupiter bekommt hier Klaustrophobie und der trockene Saturn kriegt nasse Füße.

In der obigen Beschreibung werden viele Leser auch *Pluto* wiedererkennen, der laut der modernen Astrologie der Hauptherrscher des Skorpions ist. Aber im klassischen System kann Pluto im Skorpion höchstens ein Untermieter sein. Typisch für die Klassik ist eben, dass die antiken Planeten Merkur bis Saturn sowohl eine weibliche als auch eine männliche Seite haben, was in der doppelten Herrschaft zum Tragen kommt.

2 Schwickert und Weiß, *Die astrologische Synthese.* München-Planegg 1950, Seite 125.

Schütze (Sagittarius)

Das Sternbild Sagittarius und seine Herkunft

Sagittarius ist ein Sommersternbild, dessen südlichste Teile von Mitteleuropa aus nicht mehr beobachtet werden können. Das ist schade, denn es ist ein schönes Sternbild mit vielen strahlenden Sternen, die eng zusammenstehen.

Im November, dem Monat der Jagd, tritt die Sonne ins Schützezeichen.

Der Schütze wird wie immer als *Kentaur* abgebildet, ein Fabelwesen aus der griechischen Mythologie mit Pferdeleib und menschlichem Oberkörper, das seinen Pfeil treffsicher auf ein höher gelegenes Ziel richtet. Die Botschaft ist klar: Der Mensch verliert zwar nie seine tierischen Instinkte, kann diese aber mit großer Willenskraft zügeln und weite, spirituelle Ziele erreichen.

Das Tierkreiszeichen Schütze

- *Natur:* drittes Feuerzeichen, männlich, beweglich, warm und trocken.
- *Würden:* männliches Domizil von Jupiter, Triplizität der Sonne, Exil von Merkur.
- *Physisch*: Bewegungsmuskulatur, Hüfte, Oberschenkel, Becken.
- *Sonne im Schützen:* ca. 23. November bis 21. Dezember.

Im männlichen Domizil Jupiters werden Optimismus, Idealismus, Offenheit und Ehrgeiz entfaltet. Das erklärte Ziel ist die Erweiterung des Horizonts (bewegliches Zeichen!), sowohl geografisch als auch intellektuell und spirituell. Das macht den Schützen reiselustig und zum ewigen Studenten und Lehrer: Immer lernt er und gibt anderen sein Wissen, das er zu einer Synthese zusammenzufügen vermag, weiter. In der klassischen Astrologie sind Reisen und Studium eng miteinander verbunden, weil es in früheren Zeiten noch nicht so viele Universitäten gab und die Studenten aus allen Himmelsrichtungen kamen. Aber auch heute gilt noch der Spruch: ‹Wenn einer eine Reise tut, dann kann er was erzählen› (wobei der Erzähler auch mal gerne übertreibt).

Spiritualität und Religion werden ebenfalls mit diesem Zeichen verbunden. Unter Schütze finden wir die Prediger und alle, die ihre Überzeugung mit Kraft und guten Argumenten zum Ausdruck bringen.

Das bewegliche Feuerzeichen Schütze reagiert schnell, ist anpassungsfähig und freiheitsliebend. Seine direkte und ehrliche Offenheit wirkt auf andere nicht immer positiv. Ein Diplomat ist der Schütze bestimmt nicht!

Die *Sonne* hat in diesem Zeichen *Triplizitätswürde* und kann hier ihre guten Eigenschaften zeigen: Großzügigkeit, innere Autorität und Wärme.

Merkur steht hier im *Exil.* Das untersuchende, aussondernde Verstandesprinzip fühlt sich nicht zu Hause im Zeichen, das intuitiv die Dinge zusammenfasst und dies in einem größeren Verband zu verstehen versucht.

Mond, Venus, Mars und *Saturn* sind im Schützen *peregrin,* Der Mond spürt allerdings eine gewisse Affinität mit dem Jagdzeichen Schütze, weil *Artemis*, die Mondgöttin, auch die Göttin der Jagd war. Zudem findet Schützes Herrscher Jupiter seine Erhöhung im Mondzeichen Krebs.

Steinbock (Capricornus)

Das Sternbild Capricornus und seine Herkunft

Das Sternbild *Capricornus* ist im Herbst abends zu sehen. Der Himmel sollte allerdings sehr klar sein und der Mond besser nicht scheinen, denn die Sterne dieser Konstellation sind nicht sehr hell und steigen in unseren Breiten auch nicht hoch über den Horizont. Der hellste Stern, Alpha Capricorni, befindet sich im rechten Horn des Steinbocks. Bèta Capricorni ist das linke Auge und Delta Capricorni befindet sich im Schwanz des Steinbocks.

Aus Angst, die Herrschaft zu verlieren, verschlang der Gott *Kronos* (Saturn) alle seine Kinder. Nur *Zeus* (Jupiter) entkam diesem Schicksal, weil er von seiner Mutter *Rhea* auf Kreta versteckt wurde, wo Zeus von der Ziege *Almathea* gesäugt und großgezogen wurde. Als Zeus erwachsen war, fehlten ihm Waffen im Kampf gegen die *Titanen*. Das Orakel riet Zeus, Almathea zu töten und sich deren Fell, das ihm Unverletzbarkeit verleihen würde, umzuhängen. Aus Dankbarkeit gab Zeus Almathea einen Platz am Himmel. Das Sternbild wurde dann später Steinbock genannt. (Einer der inneren Monde Jupiters heißt übrigens Almathea.) So wie Almathea sich nach ihren Wohltaten an Zeus der guten Sache opfert, schickten die Juden einen mit den Sünden des jüdischen Volkes beladenen Bock in die Wüste (Mos. 16, 7 – 10). In der Umgangssprache nennen wir jemanden, auf den man seine Schuld abschiebt, noch immer den ‹Sündenbock›. Aus gutem Grund wurde Christus, der die Schulden der Menschheit auf sich nahm, unter dem Zeichen Steinbock geboren.

Das Tierkreiszeichen Steinbock

- *Natur:* drittes Erdzeichen, weiblich, kardinal, kalt und trocken.
- *Würden:* weibliches Domizil von Saturn, Erhöhung von Mars, Triplizität von Venus, Exil des Mondes, Fall von Jupiter.
- *Physisch*: Haut, Knochen, Knie.
- *Sonne im Steinbock*: ca. 22. Dezember bis 22. Januar.

Schlüsselwörter für das Zeichen Steinbock sind: *Strenge, Konzentration, Stabilität, Form* und *Struktur*.

Als kardinales Erdzeichen strebt Steinbock aktiv nach der Beherrschung der Materie. In seinem weiblichen Domizil arbeitet der ehrgeizige Saturn fleißig und stetig; er bleibt der Verwirklichung der guten Sache treu und ist durchaus bereit, sich dafür zu opfern. Der Steinbock, der sich zum Ziel gesteckt hat, den Gipfel zu erreichen, bewegt sich sicher, aber vorsichtig über den felsigen Boden und macht erst den nächsten Schritt, nachdem er den vorigen abgesichert hat. Er ist zuverlässig, gediegen und mit praktischer Vernunft dotiert. Im Umgang mit anderen ist er eher zurückhaltend. Negativ kann der Steinbock rein materialistisch, fantasielos, schwerfällig und pessimistisch sein.

Weil Saturn die Zeit (Chronos) beherrscht, hat der Steinbock eine gute Chance, bis ins hohe Alter gesund zu bleiben. Viele Steinböcke werden im Rentenalter (wenn ernste Pflichten wegfallen) erst richtig jung und beschwingt!

Mars ist im Steinbock *erhöht*. Saturn empfängt Mars gerne, weil dieser ihm die nötige *Energie* für die Verwirklichung seiner Pläne liefert, für seinen Ehrgeiz, die höchsten Gipfel zu besteigen. Mars fühlt sich seinerseits im Steinbock wohl, weil der Hausherr Saturn der martialischen Energie eine feste Struktur verleiht, sie kanalisiert, sodass nichts davon verloren geht. Die beiden Planeten tauschen hier ihre Talente auf sehr fruchtbare Weise aus. Technik (Mars) erreicht ihre Vervollkommnung im System (Steinbock, Saturn), in Tabellen und Grafiken.

Venus hat hier Triplizitätswürde, denn sie begreift, dass die Liebe in diesem Zeichen die Beständigkeit findet, die sie zum Gedeihen und Blühen nun einmal braucht.

Der *Mond* steht im Steinbock im *Exil*. Für ihn ist die Atmosphäre hier zu unpersönlich, zu unsensibel.

Jupiter steht hier im Fall. Seine Jovialität, sein Optimismus, sein Drang nach Expansion stoßen auf Zurückhaltung, Pessimismus und Konservatismus.

Die *Sonne* ist im Steinbock *peregrin*. Der kalte Steinbock zwingt die warme Sonne zur Mäßigung. Zelebrierte Autorität (Sonne) ist im Steinbock weniger gefragt. Autorität erwirbt man sich in diesem Zeichen, indem man langsam, sich stetig absichernd, die hierarchische Leiter besteigt. Zurückhaltung statt Überschwänglichkeit; Beamtenstatus statt Königswürde!

Obwohl anpassungsfähig, ist *Merkur* hier ebenfalls peregrin, denn alles in diesem Zeichen ist ihm zu schwerfällig, zu langsam, zu langweilig.

Wassermann (Aquarius)

Das Sternbild Aquarius und seine Herkunft

Das Sternbild *Aquarius,* das sich höher über den Horizont erhebt als Capricornus und dessen Sterne auch heller sind, ist Ende November gut am südlichen Himmel zu beobachten.

Wenn die Sonne im Januar ins Zeichen Wassermann tritt, beginnt im Mittelmeerraum die Regenzeit. Der Wassermann wird als ein Mann abgebildet, der aus einer Urne überflüssiges Wasser gießt. Das Sternbild wird auch mit der in allen Kulturen anwesenden Mythe der Sintflut in Verbindung gebracht, die laut der griechischen Mythologie nur von *Deucalion* und *Pyrrha* überlebt wurde.

Das Tierkreiszeichen Wassermann

- *Natur:* Drittes Luftzeichen, männlich, fest, warm und feucht.
- *Würden:* Männliches Domizil von Saturn, Triplizität von Merkur, Exil der Sonne.
- *Physisch*: Waden, Zentralnervensystem, Unterschenkel, Schienbein, Knöchel.
- *Sonne im Wassermann:* ca. 21. Januar bis 19. Februar.

Nach klassischer Auffassung ist nicht Uranus der wichtigste Herrscher dieses Zeichens, sondern Saturn, der hier sein männliches Domizil hat. Uranus kann allerdings als der moderne Mitherrscher des Wassermanns betrachtet werden, und tatsächlich zeigt das Zeichen den Einfluss beider Planeten: Es kombiniert die Tiefe und die konzentrierte Willenskraft Saturns mit dem genialen Touch von Uranus. Der Wassermann versucht hartnäckig (Saturn!), das gesellschaftliche Leben und das soziale Umfeld seiner Mitmenschen zu *verstehen*. Das ist vor allem ein intellektueller Prozess. (Merkur hat im Wassermann Triplizität!) Der Wassermann versteht die Menschen, ohne sich aber mit diesen zu verschmelzen. Er wahrt Distanz (Saturn). Gerade die Objektivität des Luftelements ermöglicht es dem Wassermann, humanitäre Ziele zu verfolgen. Er ist ein Menschenfreund, der allerdings sein eigenes Innenleben nicht überschwänglich zeigt (Saturn). Er kann relativieren. Aus diesem Grund sind Ironie und Humor seine liebsten Waffen. Originalität und Exzentrizität sind ebenfalls Merkmale dieses Zeichens.

Das Luftelement bewirkt, dass der Wassermann vielseitig interessiert ist. Diese Vielseitigkeit verbindet sich aber nicht mit Oberflächlichkeit, weil Wassermann ein festes, vom tiefgründigen Saturn beherrschtes Zeichen ist.

Die *Sonne* steht hier im *Exil*, denn der uranische Wassermann ist allergisch gegen Autoritäten und Behörden und durchschaut ihre Schwächen gnadenlos. Seine Aufgabe ist es allerdings, sein Selbstbewusstsein (Sonne) zu entwickeln!

Wegen des vorwiegend intellektuellen Charakters dieses Zeichens hat *Merkur* hier *Triplizitätswürde*.

Mond, Venus und Mars sind im Wassermann *peregrin*. Sie fühlen sich in diesem Zeichen nicht zu Hause, weil sie nicht gerne durch den Kakao gezogen werden.

Jupiter ist hier ebenfalls *peregrin*, kann sich aber als warm-feuchter Planet durchaus mit diesem warm-feuchten Luftzeichen anfreunden.

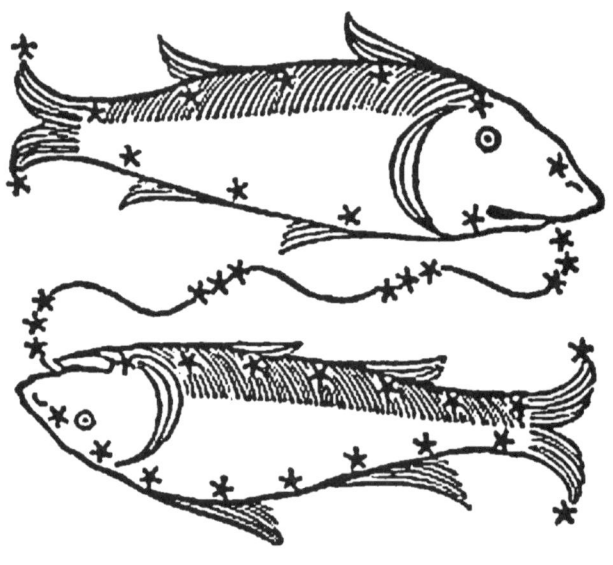

Fische (Pisces)

Das Sternbild Pisces und seine Herkunft

Pisces ist das am Wenigsten auffällige Sternbild des Tierkreises. Man kann es am besten im Dezember, etwa um 20 Uhr beobachten. Man stelle sich im Westen sowie im Norden des Bildes je einen Fisch vor, die durch eine v-förmige Sternenkette, die nach Südosten führt, verbunden sind.

Thales von Milet (ca. 624 – 546), der ‹Vater› der westlichen Philosophie, meinte, das Fruchtbarkeit bringende Wasser sei die ‹Archè› oder der Ursprung aller Dinge. Laut der griechischen Mythologie hat das Wasser diese Fruchtbarkeit *Venus* zu verdanken. Einmal musste Venus sich und ihren kleinen Sohn *Amor* vor dem schrecklichen Feuerdrachen *Typhoon* in Sicherheit bringen. Sie tauchte mit Amor ins Wasser, wo der Drache sie nicht erreichen konnte, und die beiden verwandelten sich in Fische. Aus Dankbarkeit für diese Rettung schenkte Venus den Gewässern der Welt und ihren Bewohnern große Fruchtbarkeit. Diese Fruchtbarkeit des Wassers tritt auch in einer Reihe von Volksmärchen zu Tage, in denen ein Fisch einem armen Fischer alle Reichtümer der Welt schenkt (oder dies wenigstens verspricht).

Die Sonne tritt ins Tierkreiszeichen Fische, wenn der Winter zu Ende geht und das Eis wieder zu Wasser schmilzt.

Das Tierkreiszeichen Fische

- *Natur*: Drittes Wasserzeichen, weiblich, beweglich, kalt und feucht.
- *Würden*: Weibliches Domizil von Jupiter, Erhöhung von Venus, Triplizität von Mars, Exil *und* Fall von Merkur.
- *Physisch:* Füße.
- *Sonne in den Fischen*: ca. 20. Februar bis 21. März.

Klassisch gesehen ist nicht Neptun der Herrscher dieses Zeichens, sondern Jupiter. Allerdings steht das Zeichen Fische unter dem Einfluss beider Planeten, die das Leben *sub specie aeternitatis*, also im Lichte der Ewigkeit und der Transzendenz, betrachten. Als Letzte im Tierkreis sind die Fische das immateriellste Zeichen. Der Fischegeborene sammelt eher himmlische als irdische Schätze. Er ist fantasiebegabt und unkonventionell, weil er intuitiv um die höhere Wahrheit (Jupiter) weiß. Gemäß seinem Glauben an den höheren Sinn des Lebens ist er ein ‹mitleidender› Diener der notleidenden Menschheit. Er soll sich allerdings davor hüten, sich als ‹zu gut für diese Erde› zu betrachten, weil das zur Vernachlässigung der irdischen Realität, zum psychischen Leiden und schließlich auch zur Einsamkeit führen könnte. Ebenso kann seine Selbstlosigkeit zur ungebetenen Aufopferung für andere führen. Vergessen wir nicht, dass Jupiter auch mit Übertreibung zu tun hat!

Venus steht in den Fischen in ihrer Erhöhung: Wenn Liebe sich mit Opferbereitschaft (*caritas*) verbindet, findet sie ihre meist selbstlose und vollkommenste Form!

Im Gegensatz zu Jupiter, der die höhere geistige Synthese verkörpert und deshalb in den Fischen eines seiner Domizile hat, steht *Merkur* in den Fischen sowohl in seinem *Exil* als auch in seinem *Fall*: Kühle Analyse und strenge Logik fühlen sich in diesem Gefühlszeichen par excellence nicht sehr zu Hause.

Dass *Mars* hier in *Triplizität* steht, scheint zuerst mal merkwürdig, aber Jupiter, der Herrscher der Fische, kann Mars «Richtung und Orientierung geben, ja sogar hohe Ideale bieten, für die der Einsatz wirklich lohnt» (Rafael Gil Brand, *Lehrbuch der klassischen Astrologie,* Seite 160).

Die weltliche *Sonne* und der nüchterne *Saturn* stehen in den weltfremden, träumerischen Fischen *peregrin*, wie auch der Mond, obwohl dieser kalt-feuchte Planet zu den kalt-feuchten Fischezeichen zweifellos eine Affinität besitzt.

*

Hiermit haben wir unsere Reise durch den Tierkreis, in dem wir seine Bewohner, die Planetengötter und -göttinnen und ihre Netzwerke kennengelernt haben, beendet.

Liebe Leserinnen und Leser, ich hoffe, dass, wie jede gute Reise, auch diese Reise Sie bereichert hat.

Erik van Slooten

Finis

Dürers Kupferstich Melencolia I (1514)

Saturn bewirkt die *Melancholie*, jene schwermütige Stimmung, die entsteht, wenn der Mensch realisiert, wie unvollkommen das nach außen wahrnehmbare Leben ist, wie sinnlos es oft erscheint, weil man als Mensch seine Beschränkungen nur schwer überwinden kann, und wie das Leben von der Zeitlichkeit durchdrungen ist. Die Melancholie wird am besten in Albrecht Dürers berühmtem, gleichnamigem Kupferstich aus dem Jahre 1514 zum Ausdruck gebracht.

Neben *Ritter* und *Tod und Teufel* reiht sich *Melencolia I* ein in die drei berühmten Meisterstiche von Albrecht Dürer, die sich durch eine Vielzahl an Symbolen aus der Ikonographie auszeichnen.

Über Dürers *Melencolia I* wird schon seit Jahrhunderten gerätselt und wurden Hunderte von Seiten geschrieben. Eine eindeutige Interpretation wird es wahrscheinlich nie geben. Aus diesem Grund kann auch die unterstehende Deutung nicht vollständig sein.

Oft wird die geflügelte Frau im Vordergrund als Metapher für den Künstler (Dürer selbst?) gesehen, dem die Inspiration fehlt, denn statt zu fliegen, sitzt die Frau und denkt. Sie verkörpert das kreative Potential des Menschen, der nur durch den leidvollen Weg nach innen zur Inspiration durch Gott gelangt.

Auf dem Kopf trägt die Frau einen Lorbeerkranz, Symbol für den bereits erfüllten Ehrgeiz, an dem sie allerdings keine Freude zu empfinden scheint. Sie stützt den Kopf auf die zur Faust geballte linke Hand und starrt in die Ferne, wahrscheinlich nach den immer entweichenden Idealen, die sie als sterblicher Mensch nie verwirklichen wird. Dessen ist sie sich schmerzlich bewusst: Ihre Miene ist finster, ihr Gesicht saturnisch dunkel. Für ihre direkte Umgebung zeigt sie überhaupt kein Interesse, sie scheint nach innen gekehrt. Ein Zirkel ruht passiv in ihrer rechten Hand. Der Putto neben ihr dagegen ist aktiv: Er schreibt. Auf dem Boden liegen im Stich gelassene Instrumente und Geräte herum, Symbole für das arbeitsame Leben: Hobel, Hammer, Säge, Messlatte usw. Zu ihren Füßen liegt ein Hund, Symbol für die saturnischen Tugenden der Treue und Wachsamkeit. Auch der Hund spiegelt die Stimmung wider.

Am Gebäude hinter der Frau hängt eine Waage, nicht nur Symbol für das Wiegen der guten und schlechten Taten, sondern astrologisch auch das Tierkreiszeichen, in dem Saturn erhöht ist! Weiter sieht man eine Sand- und Sonnenuhr, Symbole der fliehenden Zeit, und eine Glocke – die Todesglocke – die klingen wird, wenn deine letzte Stunde schlägt. Alle diese Objekte haben ausgesprochen saturnischen Charakter.

An der Wand hängt auch ein magisches Quadrat. Ein magisches Quadrat besteht aus in gleich vielen und gleich langen Zeilen und Spalten stehenden Zahlen, die so angeordnet sind, dass die Summen aller Zeilen und Spalten sowie der diagonalen Zahlenreihen gleich sind. In diesem Quadrat an der Wand geht es um die Zahl 34, die sich auch noch in anderen Kombinationen, beispielsweise im inneren Quadrat, versteckt. Die Quersumme von 34 ist 7 (3 + 4 = 7), die göttliche Zahl, die Zahl Jupiters. Es handelt sich an der Wand um das ‹mensula Iovis›, das magische Quadrat Jupiters, welches Saturn die Erkenntnis vermittelt, die dieser zu einem philosophischen System verarbeitet. Die beiden mittleren Zahlen in der unteren Spalte bilden die Jahreszahl der Schaffung von *Melencolia I*: 1514.

Das Gebäude scheint noch nicht vollendet zu sein. Nicht nur der Zirkel in der Hand und die herumliegenden Handwerksgeräte weisen darauf hin, sondern auch der riesige Steinblock in der Form des Dodekaeders oder Zwölfflachs, eines der fünf idealen oder platonischen Körper und ein Symbol für die Verbindung mit dem Kosmos. Das Dodekaeder wartet darauf, mit Hilfe der Leiter auf das Dach gehoben zu werden. Man spürt förmlich sowohl die Willenskraft als auch die physische, saturnische Anstrengung, die dafür aufgebracht werden muss. Übrigens ist die Leiter auch das Symbol der Verbindung zwischen Himmel und Erde.

Im Hintergrund, hinter der Leiter, sehen wir eine Stadt, das Symbol der menschlichen Aktivität. Die Sonne (oder ein Komet?) strahlt am Himmel, und das Ganze wird von einem Regenbogen überwölbt, Symbol der Gnade Gottes.

Das ganze Bild ist voller Gegensätze. Einerseits die passive Frau, die in ihre Melancholie versunken ist, andererseits die sie umringende Welt, die nach Aktivität schreit. Der wichtigste Kontrast in diesem Bild ist das sterbliche Leben gegenüber der Ewigkeit. In der unteren Hälfte des Bildes wird vor allem die Sterblichkeit in düsteren Zügen dargestellt, im oberen Teil des Bildes finden wir die leuchtende Ewigkeit.

Nur der Mensch ist sich der Endlichkeit seines Lebens bewusst. Diese Erkenntnis ruft bei ihm die Melancholie hervor.

Aber letztendlich sind die vier Temperamente nur vier unterschiedliche existentielle Ausprägungen, deren gemeinsames Ziel weit darüber hinaus geht, was sie einzeln manifestieren: Nämlich als Mensch das zu werden, was man in Wahrheit ist.[3]

3 Ich bedanke mich bei meiner Kollegin Elke Jurasszovich und meinem Bruder René van Slooten für ihre Ideen und Ergänzungen zur Deutung dieses Bildes.

Literaturempfehlungen

Griechische Mythologie

Wer sich in die wunderbare Welt der griechischen Mythologie vertiefen will, dem empfehle ich das sehr schöne klassische Werk:

Gustav Schwab, *Die schönsten Sagen des klassischen Altertums* (Loewe, 2006).

Astronomie

Für diejenigen, die Lust haben, selbst den nächtlichen Himmel zu beobachten, gibt es viele Bücher. Ich benutze gerne das handliche und sehr übersichtliche Buch:

Joachim Hermann, *Welcher Stern ist das?* (Kosmos, 2009, 3. Auflage).

Der Titel ist leicht irreführend, denn nicht nur die Sterne und Sterngruppen, sondern auch die Planeten werden behandelt.

Außerdem erscheint jedes Jahr unter dem Titel *Kosmos Himmelsjahr* ein Buch zu den aktuellen Konstellationen und Ereignissen am Himmel.

Dürers Melencolia I

Zu Dürers berühmtem Kupferstich sind viele Kommentare und Bücher erschienen. Das Standardwerk schlechthin ist das ausgezeichnete wissenschaftliche Werk:

Raymond Klibansy, Erwin Panofsky und Fritz Saxl, *Saturn und die Melancholie* (Frankfurt, 1990).

Es lohnt sich sehr, sich Dürers *Melencolia I* in aller Ruhe und in allen Einzelheiten anzusehen. Dazu gibt es eine sehr gute Möglichkeit in der Internet-Enzyklopädie Wikipedia: www. de.wikipedia.org/wiki/Melencolia_I.

Astrologische Symbole

Tierkreiszeichen

♈	Widder
♉	Stier
♊	Zwillinge
♋	Krebs
♌	Löwe
♍	Jungfrau
♎	Waage
♏	Skorpion
♐	Schütze
♑	Steinbock
♒	Wassermann
♓	Fische

Planeten

☉	Sonne
☽	Mond
☿	Merkur
♀	Venus
♂	Mars
♃	Jupiter
♄	Saturn

Bildnachweis

Abbildung Umschlag: Berthold Furtmeyr, Astrolabium mit drehbarer Scheibe zur Bestimmung der Planetenstunden, Heidelberger Schicksalsbuch, nach 1491.

Abbildung Seite 14: Titelholzschnitt von Erhard Schön zum Nativitätenkalender des Leonhard Reymann, 1515.

Abbildung Seite 22: Die sieben Planeten mit ihren Zeichen und Kindern, ihre Zugehörigkeit zu den Wochentagen, Holzschnitt um 1490.

Abbildung Seite 30: Die Stellung der Planeten, Titelblatt der »Praktica deutsch«, Meister Hansen Virdung von Hassfurt, 1523.

Abbildungen Seite 33 – 46: Planeten des Meisters C.S. aus Hieronymus Spiczynski, O Ziolach, Krakau 1556.

Abbildung Seite 48: Holzschnitt aus Johannes Stabius, Prognisticon ad annos 1503 – 1504, gedruckt von Weißenburger, Nürnberg.

Abbildungen Seite 51 – 87: Hyginus Poeticon Astronomicon, gedruckt von Erhard Ratolt, Venedig 1482.

Der Autor

E*rik van Slooten*, der niederländische Astrologe aus München, ist im deutschsprachigen Raum der bekannteste Spezialist für klassische und Stundenastrologie. Er gibt Vorträge und Seminare in allen großen Städten zwischen Hamburg und Palermo. Zudem ist er Autor der Bücher *Lehrbuch der Stundenastrologie* (1994), *Stundenastrologie in der Praxis (2001)*, *Klassische Horoskopdeutung* (2005) und *Klassische Stundenastrologie – Ein Lehrgang zum Selbststudium* (2008). Van Slooten ist geprüfter Astrologe im Deutschen Astrologen Verband (DAV) und gehört der DAV-Kongresskommission an. Er ist Dozent für klassische Astrologie an Italiens nationaler Astrologieschule CIDA in Bologna. Als vielsprachiger Astro-Kabarettist trat er u.a. während Kongressen in München, Basel und Mailand auf.

Standardwerke der Astrologie

ERIK VAN SLOOTEN

Klassische Stundenastrologie

Ein Lehrgang zum Selbststudium

Mit einer Einführung in die klassische
medizinische Stundenastrologie von
Sonja van Slooten

Hardcover, 200 Seiten, zahlreiche
Abbildungen und Tabellen

ISBN 978-3-89997-167-5

Zunächst lernen Sie die Grundregeln der klassischen Stundenastrologie kennen. Dann macht Sie dieses Buch mit der Technik und der Deutung bekannt. Sie werden mit den essentiellen und den akzidentiellen Würden und den Regeln der Aspektbildung in der klassischen Stundenastrologie vertraut gemacht. Im dritten Teil befasst sich der Autor mit besonderen Themen wie der Zeit- und Ortsbestimmung oder der medizinischen Stundenastrologie. Das Besondere an diesem Buch ist aber vor allem, dass es ein richtiger Lehrgang zum Selbststudium ist. Am Ende eines jeden Kapitels werden zu den behandelten Themen Fragen gestellt, die es Ihnen ermöglichen, zu kontrollieren, ob der Lehrstoff gut verarbeitet und verstanden wurde. Die Antworten finden Sie im Anhang des Buches.

CHIRON VERLAG

Standardwerke der Astrologie

ERIK VAN SLOOTEN

Klassische Horoskopdeutung

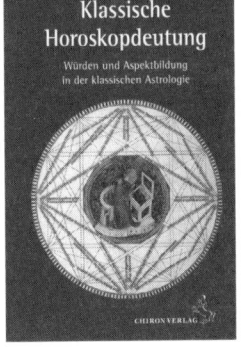

Würden und Aspektbildung in der
klassischen Astrologie
98 Seiten, Hardcover, 11 Abbildungen
ISBN 978-3-89997-129-3

In der klassischen Astrologie wurde die Aspektbildung im Horoskop mit einer unbeschreiblichen Gründlichkeit analysiert. Das System der Würden bietet die Möglichkeit, ein Horoskop systematisch und schnell in den Griff zu bekommen. In diesem praxisorientierten Buch erfahren Sie, wie das System der Würden und die klassische Aspektbildung eine Bereicherung der heutigen Deutungstechniken darstellen können. In einem speziellen Kapitel kommt das Thema konkrete Prognose und freier Wille zur Sprache. Außerdem zeigt der Autor, wie Sie die Mond-Elektionen als schnelle Entscheidungshilfe im Alltag einsetzen können.

»Das ganze Buch ist didaktisch gut durchdacht und zeigt die verschiedenen Anwendungen in einer Weise, die auch der Anfänger schnell erlernen und schnell an Beispielen umsetzen kann. Die Gefahr dabei ist, dass er Lust auf mehr bekommt.«   Meridian 2/2006

CHIRON VERLAG

Klassiker der Astrologie

WILLIAM LILLY

Christliche Astrologie

Buch 3

493 Seiten, Leinen, 3 Abbildungen

ISBN 978-3-89997-166-8

Im dritten Teil dieses Klassikers behandelt
der Altmeister die Deutung des Geburts-
horoskops nach klassischer Manier. Er
beschreibt die Methoden zur Geburtszeit-
korrektur. Dann stellt er ausgiebig alle Regeln zur Analyse eines
Horoskops vor, wobei er den Schwerpunkt auf die Themen Gesundheit, Besitz und Partnerschaft legt. Anschließend behandelt er die
Prognose mit den Profektionen, Transiten, Revolutionen und den
Progressionen. Den Abschluss bildet das Beispielhoroskop eines
englischen Kaufmanns, dem er eine Vorhersage für 25 Jahre machte.
So ist dieses Buch ein großer Gewinn für die eigene Deutungsarbeit.

*»Christliche Astrologie – alle drei Bücher – ist eines der großen
astrologischen Meisterwerke, das eigentlich in keiner astrologischen
Büchersammlung fehlen dürfte. Die klassischen Methoden, die Lilly
beschreibt, sind einfach, klar und effektiv. Sehr zu empfehlen für alle
Astrologen, die sich für die traditionellen Methoden interessieren.«*
Meridian 3/2009

CHIRON VERLAG

Klassiker der Astrologie

JULIUS FIRMICUS MATERNUS

Die Acht Bücher des Wissens

Matheseos Libri VIII

448 Seiten Hardcover
ISBN 978-3-89997-171-2

Firmicus Maternus hat mit seinen im 4. Jahrhundert nach Christus verfassten acht Büchern des Wissens das umfangreichste Lehrbuch der Geburtsastrologie hinterlassen. Nach einer Erwiderung an die Gegner der Astrologie gibt er in den folgenden sieben Büchern einen Grundriss der antiken Astrologie. In Buch II behandelt er u.a. klassische Würden, Dekane, Grenzen, Hyleg oder Spiegelpunkte. Die Stellung der sieben Planeten in den einzelnen Häusern und das Thema Mundi kommen in Buch III zur Sprache. Buch IV widmet er gänzlich dem Mond, während in Buch V der Aszendent und die Planeten in den Zeichen behandelt werden. Die Aspekte bespricht er in Buch VI. Horoskope aus verschiedenen Lebensbereichen wie Beziehung, Beruf oder Krankheit stehen im Mittelpunkt von Buch VII. Einen Höhepunkt bildet seine im abschließenden Buch VIII dargelegte Lehre von den Sternbildern und der Deutung der Tierkreisgrade. Damit ist dies eines der wichtigsten Bücher der klassischen Astrologie, das aus dem Altertum erhalten geblieben ist.

»Insgesamt ist eine solide, gut leserliche und sehr vollständige Veröffentlichung dieses überaus reichhaltigen Werkes gelungen.«
Rafael Gil Brand in: Merdian 2/2009

CHIRON VERLAG

Klassiker der Astrologie

CLAUDIUS GALENOS,
HIPPOKRATES U.A.

Der Krankheitsverlauf
im Horoskop

Quellentexte zum Dekumbitur

143 Seiten, Hardcover, 6 Abbildungen
ISBN 978-3-89997-173-6

Schon die Ärzte der Antike erkannten, dass
die Astrologie einen wichtigen Anhaltspunkt
für die Krankheitsdiagnose bieten kann. Maßgeblich dazu war das
Erstellen eines Horoskops auf den Beginn der Krankheit, eines sogenannten Dekumbiturs. Hieraus wurde der Verlauf der Krankheit und
der Zeitpunkt für den Eintritt der heilsamen Krise prognostiziert.
Der vorliegende Band bietet eine Reihe von klassischen Texten zum
Dekumbitur. Enthalten ist ein dem berühmten Arzt Claudius Galenos
zugeschriebener Text über die »Prognosen zum Dekubitus«. Hippokrates befasst sich mit den Beziehungen des Mondes zu den Krankheiten. Das im 15. Jh. bedeutendste Buch zur Medizin überhaupt
stammte von dem Franzosen Jean Ganivet und trug den Titel Amicus
Medicorum. Sein berühmtes Beispiel einer eingetroffenen Krankheits-
Prognose gibt einen hervorragenden Einblick in die Praxis. David ben
Yom Tov (14. Jh.) und Andrea Argolus (16. Jh.) erläutern die Bedeutung der »kritischen Tage« für den Krankheitsverlauf. Nicholas Cul-
peper, der berühmteste Arzt Englands, zeigt eine Methode, um die
Ursachen und den Umschwung einer Krankheit zu erkennen.
So gewährt dieser Band einerseits einen Blick in die medizinische
Literatur des Mittelalters und zugleich erschließt er dem heute an
klassischer Astrologie interessierten Leser neue Quellen zur Deutung des Dekumbiturs und der daraus abgeleiteten Prognose über
den zu erwartenden Krankheitsverlauf.

CHIRON VERLAG

Klassiker der Astrologie

JEAN BAPTISTE MORIN DE
VILLEFRANCHE

Astrologia Gallica

Buch XXI
Übersetzt von Erich Thaa, eingeleitet und
kommentiert von Reinhardt Stiehle
173 Seiten, Paperback
ISBN 978-3-925100-26-0

Es ist eine Ironie des Schicksals, dass in der
Astrologie heute sehr wenig über das Werk jenes Mannes bekannt ist,
der ihre Deutungsgrundlagen ganz entscheidend geprägt hat: Jean
Baptiste Morin, der im Jahre 1630 als Professor der Mathematik an
das Collège de France berufen wurde. Das Lebenswerk von Morin
trägt den Titel ASTROLOGIA GALLICA, ein mächtiger in 26 Bücher eingeteilter Foliant. Sein Ausgangspunkt ist die Lehre des Pto-
lemaeus, dessen Werk er aber von allen mittelalterlichen Zusätzen
und abergläubischen Regeln bereinigte und mit den Kenntnissen des
17. Jahrhunderts aktualisierte. Das Kernstück seiner astrologischen
Theorie bildet die im 21. Buch der ASTROLOGIA GALLICA dar-
gestellte Determinationslehre.
Im ersten Teil des 21. Buches untersucht Morin die Theorien über
den Einfluss der Gestirne. Im zweiten Teil beschreibt er sein Lehrge-
bäude im Detail. Dabei vertritt er die Auffassung, dass die ausschließ-
liche Herrschaft der Planeten und Zeichen vorrangig zu behandeln
sei und beschreibt alle Varianten anhand von eingängigen Beispielen.

»Die Ausgabe des Chiron Verlages stellt die erste lesbare Übersetzung
ins Deutsche dar und ist schon aus diesem Grunde für den heutigen
Astrologen wärmstens zu empfehlen.«   Astrologie Heute

CHIRON VERLAG

Standardwerke der Astrologie

RAFAEL GIL BRAND

Lehrbuch der klassischen Astrologie

gebunden, 424 Seiten, 20 Abbildungen.

ISBN 3-925100-47-7

Sich mit der antiken und mittelalterlichen Astrologie zu befassen mag manchem überholt erscheinen. Schließlich haben sich die Zeiten verändert, und unser gesamtes Weltbild hat wenig gemein mit den Anschauungen unserer Vorfahren. Dennoch zeigt sich gerade in jüngster Zeit weltweit eine stärkere Hinwendung zu den frühesten Quellen. Mit dem vorliegenden Buch wird es ermöglicht, die Techniken und Arbeitsweise der griechischen und mittelalterlichen Astrologie kennen zu lernen und zu verstehen. Dabei geht der Autor weit über das hinaus, was gemeinhin als klassische Astrologie bezeichnet wird. Als fundierter Kenner der Originalschriften hebt er besonders die in Vergessenheit geratenen oder scheinbar überholten Deutungselemente hervor. Es gelingt ihm, auch solche Methoden, die uns fremd erscheinen, aus der damaligen Weltanschauung heraus zu entziffern und zu verstehen. Die antiken Methoden werden umfassend dargestellt und so wiedergegeben, dass sie auch für den heutzutage an Astrologie interessierten Leser nachvollziehbar und leicht anzuwenden sind, was eine Erweiterung der bisherigen Deutungsmöglichkeiten verspricht.

»Gil Brands Buch schließt die Lücke, die sich in der Entwicklung der klassischen Astrologie seit dem Ersten Weltkrieg aufgetan hat. Es ist damit wohl das wichtigste Standardwerk der Astrologie seit langem!« *sternZeit*

CHIRON VERLAG

Astrologie Konkret

D. HOVER UND U. VOLTMER
(HRSG.)

Astrologie und Prognose

*Mit Beiträgen von K. H. Dotter, M. Herm,
D. Hover, M. Jehle, B. und L. Huber,
L. Livaldi Laun, E. Ott, C. von Schierstedt,
Dr. P. Schlapp, A. Schneider, Dr. Ch.
Schubert-Weller, Drs. E. van Slooten,
E. Stangenberg, A. Steffanowski, G. Talib,
U. Voltmer, G. Wolff*

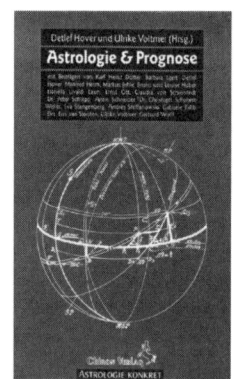

268 Seiten, kartoniert, 30 Abbildungen

ISBN 3-925100-52-0

Dieser Band bietet dem aufgeschlossenen Leser eine gelungene Verbindung von Theorie und Praxis der astrologischen Prognose. Wo liegen die Möglichkeiten und Grenzen der astrologischen Prognose? Inwieweit spielen Schicksal, freier Wille und Determination herein? Bedeutet ein Ja zur Verwendung prognostischer Verfahren zugleich auch eine Bejahung der Zukunftsvorhersage? Oftmals gerade nicht – darin sind sich viele Astrologinnen und Astrologen einig. Es handelt sich bei der astrologischen Prognose vielmehr um dynamische Verfahren, die nicht selten ihre Anwendung zunächst in Bezug auf die Vergangenheit finden. Man will die Vergangenheit besser in ihrem Verlauf verstehen, um daraus für die Zukunft zu lernen, um Ideen zur Bewältigung von Problemen zu finden, um Themenstellungen, welche die Zukunft bringt, kreativ mit Leben zu erfüllen.

CHIRON VERLAG

Standardwerke der Astrologie

REINHARDT STIEHLE (HRSG.)

Rätsel Chiron

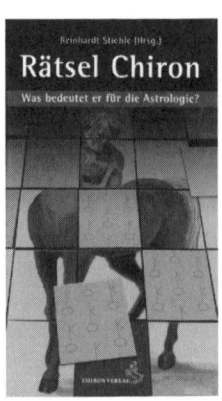

Was bedeutet er für die Astrologie?
312 Seiten, Hardcover, zahlreiche Abb.

Im Jahre 1977 wurde Chiron entdeckt und vor 25 Jahren erschien das erste Buch über ihn. Heute ist der einst unscheinbare Kleinplanet nicht mehr aus der Astrologie wegzudenken. Umso mehr stellen sich die Fragen wie: Ist Chiron ein bleibender Faktor? Hat Chiron die Astrologie verändert? Wie steht es mit der Deutungssicherheit? Dieses Buch sucht nicht nur nach Antworten darauf, sondern ist eine Bestandsaufnahme der verschiedenen Facetten Chirons in der Astrologie. 18 renommierte Autoren wurden eingeladen, ihre heutige Sicht auf Chiron vorzustellen. Seine Rolle in Astromedizin, Partnerschaftsastrologie, Berufsberatung oder Mundanastrologie kommt ebenso zur Sprache wie seine Wiederkehr oder sein Verhältnis zu den Kentauren Pholus und Nessus. Dabei zeigt sich, dass er uns durchaus noch Rätsel aufgibt. Aber vielleicht ist genau dies seine Aufgabe – zu Hinterfragen und Sie zum Nachdenken zu bringen, damit Sie die richtigen Lösungen finden werden.

Mit Beiträgen von Beatrix Braukmüller, Roswitha Broszath, Dr. Baldur Ebertin, Dr. Bernhard Firgau, Ute Flörchinger, Karen Hamaker-Zondag, Brigitte Hamann, Markus Jehle, Lianella Livaldi Laun, Al H. Morrison, Petra Niehaus, Melanie Reinhart, Dr. Christoph Schubert-Weller, Wilfried Schütz, Eva Stangenberg, Erik van Slooten und Christopher A. Weidner.

»Ein eindruckvolles Werk mit vielschichtigen Deutungsansätzen, das den Kleinplaneten Chiron immer wieder in neuem Licht erscheinen lässt und für Einsteiger genauso interessant sein dürfte wie für fortgeschrittene Astrologen.« Sternzeit 1-2010

CHIRON VERLAG